L'Enseignement Populaire en Belgique

ENSEIGNEMENT TECHNIQUE INDUSTRIEL
ET COMMERCIAL
ENSEIGNEMENT AGRICOLE
ŒUVRES D'ENSEIGNEMENT POST-SCOLAIRE

MONOGRAPHIES PUBLIÉES

par

PIERRE VERHAEGEN

Conseiller Provincial

BRUXELLES
Librairie Albert DEWIT
1913

L'ENSEIGNEMENT POPULAIRE EN BELGIQUE

L'Enseignement Populaire en Belgique

ENSEIGNEMENT TECHNIQUE INDUSTRIEL
ET COMMERCIAL
ENSEIGNEMENT AGRICOLE
ŒUVRES D'ENSEIGNEMENT POST-SCOLAIRE

MONOGRAPHIES PUBLIÉES

par

PIERRE VERHAEGEN

Conseiller Provincial

BRUXELLES
Librairie Albert DEWIT
1913

L'Enseignement Populaire en Belgique

AVANT-PROPOS

Les vingt-trois monographies réunies ici n'ont pas la prétention de former un tableau complet de l'enseignement populaire en Belgique. Il suffira au lecteur de jeter un regard sur les entêtes des chapitres pour constater les lacunes de ce petit livre au titre sans doute trop général.

Ce que nous nous sommes proposé, quelques amis et moi, en rassemblant ces travaux, fruits d'études ou d'expériences particulières, c'est de montrer les principaux résultats obtenus en Belgique dans le domaine de l'enseignement technique, d'indiquer les méthodes suivies dans les branches maîtresses de cet enseignement et de signaler les améliorations et les réformes qui pourraient y être introduites.

L'organisation méthodique d'une solide instruction professionnelle apparaît, de plus en plus, comme la condition essentielle de succès et de progrès des classes populaires et moyennes. C'est ce qui nous a déterminés à mettre sous les yeux du public ces quelques monographies et à les grouper sous la raison sociale qui figure en tête de cet ouvrage.

P. V.

Enseignement technique industriel et commercial

L'éducation technique en Belgique

RAPPORT DE M. Fr. VAN CAENEGEM,

MEMBRE DU COMITÉ DIRECTEUR

DE LA SOCIÉTÉ INTERNATIONALE POUR LE PROGRÈS

DES ÉTUDES COMMERCIALES (BUREAU A TRIEST)

INTRODUCTION

En me faisant inscrire comme rapporteur à cet important Congrès, je me proposais d'exposer en quelques courtes pages le tableau de l'enseignement technique populaire en Belgique.

Je savais qu'il était digne d'être signalé aux membres de ce IVe Congrès international de l'Éducation populaire, et pour son organisation même, et pour l'esprit de libre initiative dont il émane et dont il ne cesse de s'inspirer. Cette tâche, que j'avais conçue en commençant comme le travail de quelques heures, ne tarda pas à s'affirmer comme une besogne de plusieurs jours. Tant le rouage de l'enseignement technique populaire en Belgique a pris de l'extension, tant il ne cesse de se perfectionner, de se ramifier, de s'adapter aux progrès continuels de notre temps.

Plus d'une fois, au cours de cette rédaction, le scrupule me vint d'avoir entrepris un rapport trop étendu et la crainte aussi d'abuser du temps et de l'attention bienveillante des congressistes. Ai-je eu tort? Ai-je eu raison? Je serais mauvais juge en la cause. Je prie ceux qui prendront connaissance de ce travail de vouloir en excuser et la longueur et la complication. J'ai tâché de le rendre court et simple, pour autant que je le pourrais; mais par lui même le sujet était complexe. L'enseignement dont je veux traiter, a pris en Belgique, de telles proportions qu'il ne serait plus possible d'en parler adéquatement en quelques minutes. C'est peut-être le seul côté désavantageux d'une chose en elle même excellente et féconde en résultats heureux.

Je tiens à remercier ceux qui ont voulu m'aider dans l'élaboration du présent exposé, spécialement le distingué et honorable Directeur-Général de l'enseignement technique au Ministère de l'Industrie et du Travail, M. J. Stevens, qui a bien voulu mettre à ma disposition, avec son empressement et sa bienveillance habituelles, les chiffres et les données dont j'avais besoin.

Parler des progrès de l'enseignement technique, c'est parler de M. Stevens lui-même; il fut avec l'Inspecteur-Général, l'honorable M. Rombaut, sinon l'organisateur direct, du moins le sage conseiller, l'inspirateur éclairé, le promoteur vigilant de cette organisation merveilleuse de l'éducation technique populaire, dont la Belgique laborieuse a déjà bénéficié à tant de titres.

Considérations Générales.

En Belgique il n'existe pas de loi sur l'enseignement professionnel et technique; les écoles techniques relèvent du Ministère de l'Industrie et du Travail; en principe le Gouvernement ne les crée pas; il laisse ce soin aux administrations communales et provinciales, ainsi qu'aux particuliers; il se borne à encourager ou à provoquer les initiatives et à donner aux organisateurs les conseils utiles pour l'élaboration des règlements et des programmes, pour le choix et la formation pédagogique du personnel enseignant, pour le bon recrutement des élèves.

Chaque année, les Chambres législatives mettent à la disposition du Gouvernement les crédits nécessaires pour lui permettre d'accorder des *subsides aux écoles techniques.*

Si les cours sont purement théoriques, ces subsides s'élèvent au tiers du montant des dépenses; si les cours sont pratiques et complétés par des travaux manuels, les subsides s'élèvent aux deux cinquièmes du total des dépenses.

L'Etat n'intervient pas dans les frais de construction, de location et d'entretien des locaux; ceux-ci sont à la charge des organisateurs. Mais il prend à sa charge la moitié des frais d'achat du mobilier et de l'outillage, sous condition de l'approbation préalable du devis détaillé des achats à effectuer, et de production en double expédition, des factures acquittées pour les dépenses faites.

Chaque école est régie par un statut propre et spontané, par un règlement organique élaboré par ses fondateurs et approuvé par les pouvoirs publics qui subsidient.

Il n'existe pas de programme type. Chaque insti-
Ctution s'organise suivant les besoins régionaux. Les
programmes se constituent suivant des principes va-
riables, en rapport avec les industries établies dans
la région et avec le degré d'instruction de la population.

*Chaque école est dirigée par une commission admi-
nistrative.* Si l'école est d'institution communale, ce
collège se compose du bourgmestre ou de son délégué, président de droit et d'un nombre égal de délégués de chacun des pouvoirs subsidiants.

Si l'école est d'institution privée, la commission
est nommée par les organisateurs et comprend aussi
un délégué des pouvoirs subsidiants.

Cette commission administrative arrête le programme et l'horaire des cours, dresse le projet de budget,
arrête les comptes, fait les règlements d'ordre intérieur,
donne son avis sur la nomination du directeur et des
professeurs et exerce la haute surveillance sur l'école.

Le Gouvernement subordonne l'octroi de ces subsides aux conditions suivantes :

Les règlements, les programmes, l'horaire des cours,
les budgets et les comptes annuels doivent lui être
soumis pour approbation.

La commission administrative doit comprendre au
moins un délégué de l'Etat.

Les nominations, révocations et démissions des membres du corps enseignant, sont soumises à son agréation
pour les écoles communales; pour les écoles privées,
elles doivent seulement lui être notifiées.

Un rapport sur la marche de l'école doit être envoyé
chaque année au Gouvernement.

L'école est soumise à l'inspection de l'Etat par le
fait même qu'elle est subsidiée par lui.

Conseil Supérieur de l'Enseignement technique.

Par arrêté royal du 25 juin 1906 fut institué un Conseil supérieur de l'enseignement technique. Il se compose de 21 membres au plus, non compris le directeur général et l'inspecteur général de l'enseignement technique, au Ministère de l'Industrie et du Travail, qui en font partie de droit.

Ce conseil a un caractère purement consultatif. Il délibère sur les questions qui lui sont soumises par le Ministre, concernant l'enseignement industriel, commercial, ménager.

Nombre et Variétés des Écoles.

L'enseignement technique populaire a pris en Belgique des proportions considérables par le nombre et par la variété des écoles.

Le rapport présenté aux Chambres législatives, le 7 mai 1886 mentionnait pour la période de 1880 à 1884 : 86 établissements subsidiés par le Gouvernement.

Le rapport de 1896 en mentionne 376.
Celui de   1901 en mentionne 579.
Celui de   1910 en mentionne 709.

Au 31 décembre 1910 ce dernier chiffre se décomposait comme suit :

a) *Pour les filles :* 36 écoles professionnelles ; — 20 écoles professionnelles-ménagères ; — 7 écoles ménagères-professionnelles ; — 306 écoles et classes ménagères ; — 11 ateliers d'apprentissage ; — 9 cours professionnels.

b) *Pour les garçons :* 37 ateliers d'apprentissage et cours de tissage ; — 9 ateliers d'apprentissage, pierre et bois ; — 16 cours professionnels ; — 62 écoles professionnelles; — 12 écoles de métiers d'art; — 45 écoles et cours de dessin professionnel; — 91 écoles et cours industriels; — 20 écoles supérieures spéciales; — 22 cours commerciaux.

Jetons un rapide coup d'œil sur l'organisation de ces divers types d'enseignement technique.

CHAPITRE I

Enseignement technique pour jeunes Filles.

a) *Ecoles professionnelles*. — Les écoles professionnelles pour jeunes filles sont toutes écoles de jour; l'enseignement théorique y alterne avec la pratique; elles constituent le degré supérieur; c'est là que se recrutent les futures maîtresses de cours.

La théorie comprend: l'arithmétique, la géométrie, les notions commerciales, les deux langues nationales, l'histoire, la géographie, l'hygiène, l'économie domestique, des notions de physique.

La pratique comprend: tous les travaux accessibles aux femmes et les sciences commerciales; celles-ci comprennent, outre la comptabilité, un cours de droit commercial, un cours d'anglais ou d'allemand au choix, un cours de sténo-dactylographie, un cours de correspondance commerciale, d'arithmétique commerciale et de géographie économique.

Les études comprennent 4 années.

Liste des écoles pour filles en 1910.

L'Ecole professionnelle libre de la rue St-Willibrord à Anvers, compte 86 élèves; minerval: 60 francs.

L'Ecole professionnelle communale d'Anvers; 311 élèves; minerval: 60 francs.

L'Ecole professionnelle libre, rue des Aveugles à Anvers; 96 élèves; minerval: 80 francs.

L'Ecole professionnelle communale Bisschoffsheim à Bruxelles, est la première école du genre créée en Belgique : elle remonte à 1868 et compte 350 élèves; le minerval est de 144 francs par an.

L'Ecole professionnelle communale de la rue du Poinçon à Bruxelles, remonte à 1878 et compte 206 élèves payant un minerval de 100 francs; les cours professionnels comprennent la coupe, la confection, la lingerie, la broderie, les modes, la confection des corsets, la comptabilité et le dessin. De même que dans les autres écoles professionnelles de la ville de Bruxelles, ainsi que dans d'autres écoles du pays, les distributions de prix sont remplacées par des voyages ou des excursions scolaires.

L'Ecole professionnelle communale à Charleroi, compte 125 élèves, — celle de *Diest,* rue du Demer, en compte 28, — celle d'*Enghien,* 35, — celle d'*Etterbeek,* 65, — celle de *Frameries,* 82, — l'*Ecole profess. communale de Gand,* rue des Deux Ponts, en compte 240, — l'*Ecole libre de la même rue à Gand,* en compte 174, — celle de l'*Institut de Marie et de Joseph à Grammont,* 73, — celle de *M*me *Rens à Grammont,* 92, — celle d'*Héverlé,* 290, — l'*Ecole prof. communale d'Ixelles,* 275, — l'*Ecole prof. libre de la chaussée de Vleurgat à Ixelles,* 190, — celle de la *rue Vanaa,* 52, — celle de *Jodoigne,* 30, — celle de *Laeken,* rue de Molenbeek, 54, — celle de *Lessines,* 28, — celle de la rue de l'Ouest à *Liège,* 37, — celle de la *rue Hors Château à Liège,* qui compte parmi les meilleures, 313, — l'*Ecole communale de la rue Féronstrée à Liège,* 275, — celle de la *rue de Diest à Louvain,* 98, — l'Ecole prof. communale de

la *rue de Bériot à Louvain*, 49, — celle de la rue
Milsen à *Malines*, 62, — celle de *Molenbeek-St-Jean*,
42, — l'*Ecole prof. communale de la rue Fétés à
Mons*, 115, — celle de la *rue de Bruxelles à Namur*,
52, — celle de la *rue de Constantinople à St Gilles
(Bruxelles)*, 55, — celle de la *rue Th. Verhaegen à
St Gilles*, 49, — celle de la *rue Traversière à St Josse-
ten-Noode*, 41, — celle de la *rue Verte à Schaerbeek*,
110, — celle d'*Uccle*, 34; il y a lieu de mentionner
ici un cours de fleurs et de modes, très apprécié,
enfin l'*Ecole prof. communale à Verviers*, 145.

b) *Ecoles professionnelles et ménagères*. — Celles-ci
sont d'un degré moindre que les précédentes. L'enseignement des professions féminines y est combiné avec
celui des travaux de ménage. Le régime de ces écoles
est le demi-temps, c'est-à-dire, que la matinée (3 heures) est consacrée à la théorie et l'après-midi
(3 heures) à la pratique ou vice-versa.

La durée des études est de trois ans; on y ajoute
souvent une année, dite de perfectionnement, suivie
par les jeunes filles qui aspirent à conquérir un diplôme
professionnel. Les études théoriques comportent les
mêmes matières que les écoles professionnelles proprement dites; les cours pratiques sont moins éten-
dus: une section d'enseignement ménager et obligatoire
dus: une section d'enseignement ménager est obligatoire
pour toutes les élèves.

Ces deux genres d'écoles terminent leur année scolaire par des examens. Ceux-ci comportent deux parties; l'une théorique portant sur les cours généraux;
celles qui y satisfont reçoivent un certificat d'études
qui les autorise à se présenter aux examens pratiques
pour la partie dans laquelle elles se sont spécialisées;
en cas de succès, elles obtiennent un diplôme. Celles

qui se destinent à l'enseignement professionnel, font un stage d'une année dans une école professionnelle et peuvent subir un examen d'aptitudes devant un jury, présidé par l'inspecteur général de l'enseignement technique du Royaume.

Liste des Écoles professionnelles et Ménagères en 1910.

L'*Ecole professionnelle et ménagère de Braine-l'Alleud* compte 50 élèves; la durée des cours est de 4 années; la rétribution scolaire est de 60 francs par an; les cours professionnels sont: la coupe, la confection, la lingère et le dessin.

L'*Ecole professionnelle et ménagère de Bruges* compte 33 élèves payant un minerval de 30 francs l'an.

L'*Ecole professionnelle et ménagère Couvreur, rue Terre-Neuve à Bruxelles,* a inscrit à son programme ordinaire des cours de coupe, confection et lingerie, des cours de mode, de fleurs artificielles et des cours de commerce. 127 élèves la fréquentent. Le minerval est de 100 francs. L'école possède de bonnes collections et une bibliothèque assez importante.

L'*Ecole professionnelle et ménagère, rue de la Braie à Bruxelles,* compte 43 élèves, celle de *Gosselies* en compte 60; celle de *Hal* 38, celle de *Hougaerde* 28, celle de *La Louvière* 19, celle de *Lierre* 30, celle de la *place St Waudru à Mons* 40, celle de *Nivelles* 46, celle de *Quiévrain* 37, celle de *Renaix* **25,** celle de *St Ghislain* 22, celle de *St Gilles,* avenue de la Toison d'or, 125, celle de *St Trond* 34, celle de *Schaerbeek* 115. — On donne un cours de broderie artistique et industrielle et un cours spécial de puériculture, très apprécié par les parents. — L'école de *Soignies* compte 24 élèves, celle de *Tournai* 109, enfin celle de *Vilvorde* 40 élèves.

c) Les *écoles ménagères et professionnelles* sont d'un degré moins élevé que les précédentes; les enfants y entrent dès leur sortie de l'école primaire; l'enseignement ménager l'emporte ici sur l'enseignement professionnel; les études durent deux années, à raison de six heures par jour. Le programme des cours théoriques comprend: le calcul, des notions de comptabilité, les langues nationales; les cours pratiques comprennent: les vêtements ordinaires, le dessin et tous les *travaux de ménage*. Voici la liste de ces écoles en 1910.

Écoles Ménagères et Professionnelles.

L'Ecole ménagère et professionnelle, rue St Joseph à Anvers, inaugurée en 1906, compte 28 élèves. Il y a cours tous les jours de 9 à midi et de 2 à 5 heures, à l'exception du samedi après-midi.

L'Ecole ménagère et professionnelle d'Ath compte 24 élèves.

L'Ecole ménagère et professionnelle de Gand, rue Frœbel compte 26 élèves.

Aux cours enseignés dans les écoles du même genre on a ajouté un cours d'hygiène et de puériculture, afin de rendre ce cours pratique, les élèves sont admises à certains jours, dans les crèches voisines de l'école où elles sont appelées à donner des soins aux enfants du premier âge.

L'Ecole ménagère et professionnelle de St Gilles a été ouverte en 1908. 26 élèves suivent les cours.

L'Ecole ménagère et professionnelle à Héverlé, diffère quelque peu des autres écoles parce qu'elle prépare ses élèves à passer ensuite à un ouvroir annexé au pensionnat d'Héverlé, si elles en expriment le désir.

L'*Ecole ménagère et professionnelle de Laeken* compte 44 élèves.

L'*Ecole ménagère et professionnelle de Tournai* n'a pas pris l'importance ni le développement espérés par les organisateurs. Il y a indifférence de la part des parents ; l'école compte 28 élèves, payant 8 francs par trimestre.

d) *Les écoles et classes ménagères* donnent aux filles des ouvriers l'éducation ménagère qu'elles ne peuvent recevoir chez leurs parents. L'enseignement y est donné en une année, à raison d'un minimum de quatre jours pra semaine ; ceci pour les écoles ménagères seulement.

e) *Les classes ménagères* n'ont que deux séances de travaux pratiques, de 2 1/2 à 3 heures par semaine, outre une leçon d'une heure de théorie. La durée des études est de deux années, le programme est le même pour les deux sections précitées.

L'âge d'admission est de 12 à 13 ans, c'est-à-dire, à la sortie de l'école primaire. Actuellement le nombre d'institutions d'enseignement ménager s'élève à 306 ; ce chiffre est surprenant ! Ces très utiles institutions sont trop peu nombreuses et l'on peut s'étonner de l'apathie qui se manifeste à leur endroit, parmi nos populations ouvrières. Dans la province du Hainaut, la situation favorable de l'enseignement ménager au lieu de s'accenter, est en recul depuis dix ans ; cette constatation est d'autant plus regrettable, que c'est dans la province où cet enseignement est la plus nécessaire, qu'il est le moins apprécié par la population ouvrière. Beaucoup de parents, dès qu'ils voient que leurs filles ont acquis quelque habileté ont hâte de les retirer des écoles ou classes ménagères, pour profiter le plus vite possible de leur salaire.

D'un autre côté, le goût des fêtes et des plaisirs,

l'insousiance, l'esprit d'indépendance des jeunes filles, leur manque d'instruction et d'éducation, le travail bien rémunéré qu'elles trouvent plus facilement qu'autrefois, toutes ces causes entravent l'enseignement ménager dans les agglomérations ouvrières; où il pourrait rendre tant de services.

Pour obvier à cette situation un comité provincial de propagande de dames a été institué par arrêté royal, en 1908, en faveur de cet utile enseignement.

f) *Les ateliers d'apprentissage ainsi que les cours professionnels*, s'adressent aux jeunes ouvrières dès leur sortie de l'école primaire; dans les premières ont les garde toute la journée; elles y reçoivent des leçons de calcul, des leçons de français et de flamand; on leur apprend un métier.

Les cours professionnels ne se donnent que le soir et s'adressent aux ouvrières déjà engagées dans un métier. Ce sont plutôt des cours de perfectionnement.

Alors que dans les ateliers elles sont spécialisées pour telle ou telle partie du travail du vêtement (jupes, manches, corsages etc.), ici on leur enseigne le travail du vêtement dans son ensemble et dans ses différents genres. On leur apprend aussi le dessin élémentaire afin qu'elles puissent vérifier et établir par elle-même les patrons.

Le Rapport sur l'enseignement technique mentionne à la date de 1910, les ateliers d'apprentissage et les cours professionnels que voici:

L'*Atelier d'apprentissage pour la fabrication des chapeaux de paille et le tressage de la paille à Bassenge*. Ce sont les jeunes filles de la commune qui tressent les pailles et les hommes qui en font des chapeaux à l'aide de machines.

L'apprentissage des garçons dure généralement 3

ans. Ils reçoivent des leçons tous les jours, de 5 à 8 heures du soir; le dessin se donne le dimanche.

Quant aux filles, elles reçoivent une leçon de tressage quatre jours par semaine et les leçns de dessin le dimanche. Les autres jours elles fréquentent l'école ménagère.

L'atelier d'apprentissage Groot Gewat *à Gand*. C'est un atelier d'apprentissage pour la couture, la lingerie et la broderie, le tout accompagné de leçons de dessin, qui se donnent du 1er septembre au 15 août, à raison de 8 heures par jour. L'âge d'admission est fixé à 18 ans; les travaux exécutés sont vendus au profit des élèves.

L'atelier de la dentelle à Gand, rue Thérésienne. Cet atelier, où s'apprend le point Duchesse, est accessible à de petites apprenties âgées de 12 ans: elles travaillent toute la journée. Elles sont au nombre de 17.

Atelier libre de broderie à Iseghem (Institut Pélichy). Institué en vue de former des brodeuses, l'atelier compte 24 apprenties, la durée des études est de 4 années; l'école ne fonctionne que depuis 1909. Les cours se donnent cinq jours par semaine, l'enseignement est gratuit.

Atelier d'apprentissage de Jemelle. Cette institution est régulièrement suivie par 66 apprenties. Les cours ont lieu tous les jours ouvrables, excepté le samedi; ils ont pour but de former des lingères; les élèves suivent en même temps les cours de l'école ménagère.

Atelier d'apprentissage de Lierre. Lierre est le centre de la broderie sur tulle. On évalue à 1200 à 1500 le nombre de brodeuses. 49 élèves reparties sur quatre années d'apprentissage suivent les cours, qui comportent: outre les heures de travail manuel, des leçons de langue maternelle et de calcul.

Atelier d'apprentissage de Maldeghem. Il a pour but d'apprendre le métier de brodeuse sur tulle et le stop, il compte 66 apprenties; l'apprentissage dure quatre à cinq années. Dès la première année, les enfants reçoivent un salaire en rapport avec leur travail; elles sont admises dès l'âge de 12 ans.

A côté de ces ateliers proprement dits, plusieurs *cour. de dentelles* ont été créés en Belgique pour donner suite à un désir royal. Tels sont: *les cours de dentelles à St Josse-ten-Noode,* institués depuis deux ans et fréquentés par 75 jeunes filles; les leçons se donnent deux fois par semaine pendant 2 1/2 heures. *L'atelier d'apprentissage de la dentelle à Lokeren;* les jeunes apprenties touchent les salaires qu'elles méritent; elles s'appliquent à la dentelle Vénitienne, à la dentelle d'Irlande, d'autres s'occupent de la broderie Richelieu; elles sont au nombre de 45, à partir de l'âge de 12 ans. *L'atelier d'apprentissage de la dentelle à St Trond,* avec 35 apprenties. *L'atelier d'apprentissage de Turnhout,* avec 300 apprenties. *L'Ecole prof. d'apprentissage de la dentelle à Turnhout,* avec 349 élèves.

Cours Professionnels.

L'Ecole libre d'apprentissage pour lingères et tailleuses à *Anvers,* place St Paul, fondée en 1909.

Les cours de coupe et de confection pour jeunes filles, d'Anvers (Kiel), fondée en 1910.

Les jeunes filles de la paroisse St Paul et celles d'Anvers Kiel, agées de 15 ans au moins et ayant fait leur école primaire peuvent recevoir deux fois par semaine de 8 à 10 heures du soir des leçons de couture, de coupe et de dessin.

Les cours de comptabilité et de commerce annexés à l'Ecole professionnelle et ménagère Couvreur, rue Terre-Neuve à Bruxelles, permettent aux jeunes filles qui se destinent au commerce ou qui sont employées de commerce, de perfectionner leurs connaissances professionnelles. Les cours se donnent 3 fois par semaine de 8 à 10 heures du soir, du 1er au 15 mars. En 1910, sept certificats d'aptitudes furent délivrés et les cours furent suivis par 34 élèves.

Les cours de coupe pour tailleuses et lingères, rue Locquenghien à Bruxelles, ont pour but de perfectionner dans leur métier les ouvrières tailleuses et lingères. Fondés en 1910, ils comportent 3 années; l'enseignement se donne tous les lundis de 7 à 9 heures du soir, d'octobre au 15 août; dès la première année, 20 élèves ouvrières se firent inscrire.

Les cours de coupe et de dessin, rue du Poinçon à Bruxelles, comportent la coupe, la confection, le moulage et le drapage des vêtements ainsi que le dessin; ils se donnent pendant 4 années, le dimanche de 9 1/2 heures à midi et le lundi de 6 à 8 1/2 heures du soir, du 1er octobre au 31 mars; ils furent suivis en 1910, par 118 jeunes filles âgées de plus de 13 ans; 48 certificats furent délivrés la même année.

Les cours prof. de St Josse-ten-Noode, rue Musin, comprennent la coupe, la couture et la confection, ainsi que la peinture sur verre, porcelaine et étoffes. Les cours sont suivis par 43 élèves. Le minerval est fixé à 18 francs par trimestre.

Il en est de même des *Cours prof. de St Josse-ten-Noode,* rue de la Limite, mais ici les cours de peinture sont remplacées par des cours de lingerie et de comptabilité; ils furent suivis en 1910 par 56 élèves; l'école ne perçoit pas de minerval.

Dans les mêmes locaux sont installés *des cours de dessin professionnel*, appliqués à la confection, à la lingerie, la broderie, la passementerie et la dentelle; l'enseignement est donné gratuitement aux ouvrières ayant 15 ans au moins et exerçant un des métiers précités; il se donne d'octobre à la mi-avril et comprend 3 années; il est suivi par une trentaine de jeunes filles.

CHAPITRE II

Enseignement Technique pour Garçons.

En Belgique, l'enseignement technique de même que l'instruction générale, comprend trois degrés.

Le degré *inférieur* ou primaire, représenté par les cours industriels, professionnels et commerciaux.

Le degré *moyen* ou secondaire, représenté par les écoles industrielles, professionnelles ou d'apprentissage.

Le degré *supérieur*, représenté par les écoles supérieures spéciales ainsi que par les musées d'enseignement industriel et professionnel.

Degré Supérieur.

Les écoles du degré supérieur s'adressent à des jeunes gens qui ont terminé leurs études moyennes et sont âgés de 16 ans au moins; elles comportent un ensemble de cours théoriques complétés par des leçons pratiques.

L'enseignement s'y donne pendant toute la journée, d'octobre à juillet et les études comportent 3 années ou davantage.

Les unes sont annexées comme facultés aux universités de l'Etat et relèvent ainsi du Ministère des Sciences et des Arts.

Celles qui ne sont pas annexées aux universités, relèvent du Ministère de l'Industrie et du Travail.

Le cadre de ce rapport ne nous permet pas de nous étendre sur les *Facultés de Commerce* et sur les *Ecoles spéciales annexées aux universités* de Gand et de Liège.

Disons que toutes sont florissantes et méritent à juste titre le nom de Facultés nouvelles, ou « Modern Universities », comme on les appelle aux Etats-Unis. Avec l'école supérieure de commerce annexée à l'*Institut Solvay de Bruxelles*, qui ne rélève d'aucun organisme gouvernemental, elles forment la couronne de l'enseignement supérieur techni*que* en Belgique.

Nous ne nous attarderons q*u'*ux écoles techniques du degré supérieur, ne ressortissant pas des universités; elles sont au nombre de 20, subsidiées par le Ministère de l'Industrie et du Travail et se repartissent de la manière suivante:

a) 3 écoles d'arts et métiers;
b) 3 écoles de brasserie et distillerie;
c) 6 écoles supérieures de commerce;
d) 1 école supérieure de marine;
e) 1 école supérieure des mines;
f) 1 école supérieure des textiles;
g) 4 musées d'enseignement industriel et professionnel;
h) 1 institution de cours normal d'enseignement technique.

a) Les écoles d'Arts et Métiers.

Ces écoles ont pour but de préparer des intermé-

diaires entre l'ingénieur et le contre-maitre et subsidiairement des chefs de petite industrie.

L'utilité de tels intermédiaires est hors de conteste ;
l'enseignement de ces écoles doit revêtir un caractère expérimental et pratique ; en Belgique il s'étend
pour le moment, à la mécanique, à la métallurgie et à
l'électricité, quoique certaines spécialités puissent venir
s'y greffer, suivant les circonstances régionales.

Le programme comporte au moins trois années
d'études. Il comprend : l'arithmétique, l'algèbre, la
géométrie, la trigonométrie rectiligne, la géométrie
descriptive, les courbes analytiques, la mécanique,
l'électricité industrielle, la technologie, la géographie,
la comptabilité, l'hygiène, l'économie industrielle, la
rédaction de rapports industriels, la description des machines, la métallurgie.

Le programme pratique comporte : pour la mécanique : les forges, l'ajustage, la tournerie, les machines
et les travaux de laboratoire, de physique, de chimie
et de mécanique. Pour l'électro-technique : le montage
de sonnerie et de téléphone de toutes les lignes d'éclairage et de force motrice, bobinages, divers etc. ainsi
que les essais industriels de machines électriques. Pour
la métallurgie, le modelage industriel, le moulage et
la conduite de la fonderie.

Le demi-temps est adopté dans toutes les écoles
belges, il est consacré par parties égales, à la théorie
et à la pratique. Pour suivre utilement cet enseignement l'élève doit posséder au moins les connaissances
inscrites au programme de l'enseignement moyen du
degré inférieur.

En 1910 la Belgique comptait 3 écoles d'arts et métiers ; il convient de citer en même temps la section
du jour de l'école industrielle de Gand.

L'*Ecole d'arts et métiers à Anderlecht* fut fondée en 1905; les études durent 3 années, plus une année d'électricité pour les élèves diplômés de la section de mécanique. L'année scolaire va du 1er octobre au 31 juillet; il y a huit heures de cours chaque jour, les dimanches sont occupés par des excursions scientifiques et par des conférences. Le droit d'inscription est de 250 francs par an. L'école « délivre » des brevets de l'Ecole des Arts et Métiers de Bruxelles. Elle dispose de vastes locaux et d'un outillage très complet. Cette école appartient à la Société Anonyme des Arts et Métiers. Elle compte 72 élèves.

L'*Ecole d'arts et métiers annexée au collège St-Louis à Liège* fut fondée en 1906; son plan d'étude est semblable à celui d'Anderlecht, le droit d'inscription est de 200 francs. Les locaux et ateliers sont vastes et bien outillés; l'école délivre des diplômes de mécanique et électricité, de chimie et métallurgie; elle compte 85 élèves inscrits, dont 8 de 14 à 16 ans, 58 de 16 à 20 ans, 19 au dessus de 20 ans.

L'*Ecole d'arts et métiers de Pierrard-lez-Virton* a été fondée en 1899. L'enseignement comprend 3 1/2 ans d'études; les cours ont lieu tous les jours de la semaine à raison de 8 heures par jour et de 2 heures le dimanche. L'école délivre des brévets d'arts et métiers; elle comptait en 1910, 63 élèves inscrits dont 13 de 15 à 16 ans, 45 de 16 à 20 ans et 5 au dessus de 20 ans.

b) Les écoles de Brasserie et de Distillerie.

L'*Ecole de Brasserie annexée à l'Institut St Liévin à Cand*, fut fondée en 1892; elle confère le titre d'ingénieur-brasseur. Elle compte 3 années d'études. En 1re année on donne aux élèves des cours sur les sciences fondamentales; chimie et physique générale, mécanique, microbiologie, droit, comptabilité, dessin.

En 2me année: un cours de mallerie et de brasserie, la chimie organique et analytique, la physique appliquée, la mécanique, la microbiologie spéciale à la brasserie; des cours de droit et d'économie industrielle, ensuite les travaux de laboratoire, de brasserie expérimentale, de conduite et d'entretien des machines.

En 3me année: des cours spécialisés de brasserie, de chimie, de droit, cours généraux de moteurs, constructions civiles, électricité; distillerie, fabrication de la levure, culture de l'orge et du houblon; travaux aux laboratoires spéciaux, brasserie expérimentale. Les cours ont lieu tous les jours de la semaine; ils étaient suivis en 1910 par 20 jeunes gens.

L'*Institut supérieur de Brasserie, rue du Lac à Gand,* fut créé en 1887; en octobre 1895 cette école est devenue un véritable Institut des fermentations. La durée des études varie entre une, deux ou trois années, au choix ou selon le but des élèves; une année pour ceux qui aspirent au diplôme de maître-brasseur ou distillateur, ou pour ceux qui, porteurs d'un diplôme quelconque d'ingénieur, désirent obtenir le diplôme complémentaire d'ingénieur des industries des fermentations. Deux années d'études pour ceux qui désirent obtenir le diplôme de licencié en brasserie ou en distillerie. Trois années pour ceux qui aspirent au titre d'ingénieur des industries des fermentations. Il y a également des cours gratuits pour ouvriers qui se donnent le dimanche de quinze en quinze jours.

Tous les autres cours se donnent trois jours par semaine du 15 octobre au 14 août. L'école comptait en 1910: 26 élèves inscrits et 52 étudiants, dont 18 de 16 à 20 ans et 60 au dessus de vingt ans.

L'*Ecole supérieure de Brasserie de Louvain* fut fondée en 188. La durée complète des études est de 3 ans. L'école confère le diplôme d'Ingénieur-brasseur; elle donne en outre des cours moins complets d'un et de deux ans pour les élèves brasseurs qui n'aspirent pas au titre d'ingénieur; elle compte une vingtaine d'élèves.

c) Écoles Supérieures de Commerce.

Institut supérieur de Commerce d'Anvers. Cet institut est un établissement créé par le Gouvernement en 1852, avec le concours de l'administration communale d'Anvers. L'Etat intervient dans les dépenses pour les 3/4, la ville d'Anvers en supporte le 1/4 restant et doit mettre à la disposition de l'Institut les immeubles nécessaires et subvenir à leur entretien. La durée complète des études est de trois années.

Après la deuxième année, le jury d'examen confère le grade de licencié en Sciences Commerciales.

La troisième année est divisée en quatre sections, au choix de l'élève, suivant qu'il aspire au grade de licencié en Sciences Commerciales et Consulaires, en Sciences Coloniales ou en Sciences Commerciales du degré supérieur.

Enfin, il existe un doctorat en Sciences Commerciales pour les diplômés de troisième année, qui ont fait un stage pratique en Belgique ou à l'étranger et qui subissent avec succès l'examen de doctorat; cet examen consiste dans la présentation et la défense d'une dissertation et de trois thèses.

L'Institut possède un musée de produits commerçables, qui est un des plus remarquables musées scolaires de l'Europe, une bibliothèque de plus de 7000 volumes et de 1000 périodiques et un laboratoire spécial, outillé de manière à répondre à toutes les exigences.

Le nombre d'étudiants de cette florissante institution s'élevait pour l'année scolaire 1909-1910 au chiffre de 344. Depuis sa fondation elle a délivré plus de 1750 diplômes.

Ecole supérieure de Commerce et de Finances, annexée à l'Institut St Ignace à Anvers. Cette école fut fondée en 1901; ses débuts furent modestes: la première année elle ne comptait que 14 élèves; aujourd'hui elle en compte plus de 100.

Elle confère le diplôme de licencié en Sciences Commerciales après deux années d'études et celui de licencié en Sciences Financières après une 3e année; cette année a pour but de faciliter aux licenciés en Sciences Commerciales, l'entrée dans la carrière de la finance.

De nombreuses excursions sous la conduite des professeurs, la visite des installations du port d'Anvers, complètent très utilement les cours.

Ecole des Hautes Etudes Commerciales et Consulaires à Liège. Liège possède comme Anvers, deux écoles supérieures de Commerce: l'une annexée à l'Université, l'autre d'institution privée. C'est de celle-ci que nous devons nous occuper ici, quoique toutes deux soient également prospères.

Cette école fut fondée en 1898 par un groupe d'industriels. Son programme est de deux années pour l'obtention du diplôme de licencié en Sciences Commerciales et d'une année complémentaire pour le diplôme en Sciences Commerciales et Consulaires, ou en Sciences Commerciales et Coloniales.

L'école est subsidiée par l'Etat, par la Province et par la ville de Liège ainsi que par de nombreux groupes d'industriels et de commerçants.

La population scolaire s'élevait en 1908 à 133 élèves, tous âgés de plus de 16 ans; depuis sa fondation elle a conféré plus de 235 diplômes.

Ecole supérieure des Sciences Commerciales, Consulaires et Coloniales de Louvain. Cette école fut créé en 1897, elle compte aujourd'hui plus de cent élèves réguliers et quelques élèves libres; en 1908 elle compléta son enseignement par la création d'une section coloniale. Le programme comporte trois années comme pour l'Institut d'Anvers; les conditions d'admission ne diffèrent pas de celles imposées dans les écoles similaires; depuis sa création elle a conféré plus de 166 diplômes en Sciences Commerciales et Consulaires, 127 du degré supérieur en Sciences Commerciales et Consulaires, 13 en Sciences Coloniales. En 1911 elle avait conféré un diplôme de docteur en Sciences Commerciales.

L'Ecole supérieure Commerciale et Consulaire de Mons, fut établie en 1896 à La Louvière; elle fut transférée à Mons en 1899; elle adopta dans ses grandes lignes le programme d'études de l'Institut d'Anvers, après l'examen de sortie de la 2e année, elle confère le diplôme de licencié et après l'examen de sortie de la 3e année, celui de licencié du degré supérieur; en 1910 l'école comptait 97 élèves inscrits.

L'Institut Commerciale des Industriels du Hainaut à Mons, fut créé en 1899 dans le but de former des jeunes gens résolus à s'expatrier et capables de contribuer à l'expansion à l'étranger de toutes affaires industrielles. Les diplômes de l'Institut portent le titre d'ingénieur commercial. Les conditions d'admission sont les mêmes que celles des autres écoles supérieures. Les ingénieurs commerciaux sortis de cet institut sont répartis actuellement dans toutes les parties du monde. L'Institut des Industriels du Hainaut comptait en 1910 plus de 150 élèves réguliers.

d) École Supérieure de Marine. Navire-École Belge.

L'initiative privée fonda le 30 décembre 1908, une société anonyme sous le nom d' «Association Maritime belge,» dont l'un des buts essentiels était la création d'un navire-école.

Cette institution permet aux jeunes gens qui se destinent à la carrière d'officier de la marine marchande, de passer d'une manière rationelle le temps exigé par la loi l'obtention du brevet de premier lieutenant au long cours. Elle a en vue de former des officiers entraînés à la pratique du métier et de leur donner des connaissances en rapport avec le développement de l'enseignement moderne; elle les initie aussi à la pratique du commerce maritime, pour leur permettre d'être les intelligents collaborateurs des armateurs.

Au début l'Association Maritime belge ne disposa que d'un seul navire, le «Comte de Smet de Naeyer,» un trois mats carré qui fit naufrage en 1906. Ce bâtiment fut remplacé par un autre navire, spécialement aménagé en navire-école stationnaire.

En 1907 les cadets furent conduits à San-Francisco, sous la conduite d'un état-major belge, dans ce port ils furent embarqués sur le «Rickmers», un des plus grands voiliers du monde.

Après un long voyage en Australie, le «Rickmers» mouilla en rade d'Anvers le 3 juin 1908. Peu de temps après, à la suite d'un nouveau séjour à bord du stationnaire, les cadets s'embarquèrent sur un nouveau voilier: «l'Avenir», aménagé en école et firent route le 20 août 1908, vers la haute mer. A partir de cette époque, l'institution fonctionne d'une façon normale.

L'Association Maritime belge est administrée par un conseil administratif qui s'occupe de ses intérêts sociaux: une commission nommée par le Ministre de l'Industrie et du Travail, est chargée de la haute surveillance du navire-école.

L'instruction complète comprend deux périodes:

1° Un séjour à bord du navire-école stationnaire de six mois au moins.

2° Quarante huit mois de navigation au long cours.

Le minerval, y compris le prix de la pension, est de 400 francs par an. L'école est ouverte aux jeunes gens de toutes conditions, présentant les aptitudes nécessaires pour faire un bon marin.

Les premiers diplômes de capacité viennent d'être délivrés cette année même; l'école compte 45 élèves, dont 32 de 16 à 20 ans et 13 de plus de 20 ans.

e) École des Mines de Mons.

La création de cette école remonte à 1867. Son but est de fournir aux exploitations des mines et aux usines métallurgiques des jeunes gens, préparés à la direction de ces deux importantes industries qui forment une des bases de la prospérité de la province du Hainaut.

En 1906, une refonte complète de l'organisation a été faite; les études ont été spécialisées, les programmes composés et les cours organisés de manière à délivrer les diplômes des divers grades scientifiques suivants:

Après 5 ans, les diplômes d'ingénieur des mines, d'ingénieur métallurgiste, d'ingénieur mécanicien, d'ingénieur électricien, d'ingénieur civil des mines.

Après 4 ans, les diplômes d'ingénieur des arts miniers et industriels, d'ingénieur chimiste, d'ingénieur des chemins de fer, d'ingénieur géologue.

Après 3 ans, le diplôme de chimiste (distinct à celui d'ingénieur chimiste).

Le nombre d'élèves s'élevait à 275 en 1910. L'année scolaire commence le 2e mardi d'octobre et finit le 15 juin. Les examens ont lieu depuis cette date jusqu'à la fin de juillet. Les leçons se donnent tous les jours de la semaine à l'exclusion du dimanche. Pour être admis les élèves doivent être porteur d'un diplôme d'études complètes d'humanités modernes, y compris la rhétorique scientifique. Le minerval est de 200 francs par an. L'école possède de superbes locaux et de magnifiques laboratoires.

f) École Supérieure des Textiles à Verviers.

Cette école fut inaugurée en 1894; elle comprend trois sections.

I. L'École supérieure proprement dite, qui comporte 4 années d'études et conduit au diplôme d'ingénieur de l'Industrie textile.

II. La division des sections spéciales de filature, de tissage et de teinture, créé en 1901; ces sections forment des conducteurs de filature, de tissage ou de teinture; la section de filature et de tissage comprend 3 années, celle de teinture 4.

III. L'école professionnelle du soir pour ouvriers et artisans.

Les leçons de l'école sont données tous les jours de 8 heures à midi et 2 heures à 5 heures, dimanche excepté. L'année scolaire commence le 1er lundi d'octobre et finit le 31 juillet. Les aspirants-élèves doivent

avoir terminé leurs études moyennes du degré supérieur et être âgés de 16 ans au moins. La rétribution,
scolaire est de 250 francs pour les belges et 500 frs
pour les étrangers. La population de l'école comptait
en 1910 plus de 160 étudiants. Les locaux comprennent
outre de nombreux auditoires, neuf laboratoires, six
ateliers, des salles de dessin et de collections et une
bibliothèque.

g) Musées d'enseignement industriel et professionnel.

*Un musée annexé à l'école centrale des arts et
métiers d'Anderlecht*, dont nous avons parlé précé-
demment, a pour but de former un centre d'information
scientifique et de documentation. Ce musée est ouvert
deux matinées par semaine; il comprend des collections industrielles très variées.

Musée de l'Ecole industrielle d'Anvers. Est ouvert
au public tous les dimanches.

Le Musée du Hainaut à Charleroi, comme le pré-
cédent, a pour but de contribuer au perfectionnement
de l'enseignement technique, de répandre des notions
scientifiques parmi les ouvriers et des connaissances
professionnelles parmi les représentants des métiers
et des industries moyennes. Le bulletin mensuel du
Musée rend compte de l'activité du musée sous toutes
ses formes.

Le Musée professionnel de l'Etat à Morlanwelz se
propose le même but que les musées précédents et
ce par des moyens analogues: conférences, collections, expositions permanentes de machines et d'échantillons, bibliothèques etc.

h) Cours normaux d'enseignement technique à Hasselt.

Ces cours ont été organisés en 1909 par la province

de Limbourg, avec les subsides de l'Etat. Pour y être admis il faut être muni du diplôme d'instituteur ou de régent. Le but de cette institution nouvelle est d'augmenter le bagage scientifique des maîtres d'écoles, de leur inculquer la connaissance de l'industrie régionale et l'art d'adopter leur enseignement aux données de cette industrie.

La haute surveillance est confiée à une Commission composée de sept membres, dont cinq nommés par la Province et deux par le Gouvernement.

Le programme comprend plusieurs séries de cours qui se donnent pendant cinquante semaines de l'année, le dimanche matin et le jeudi après-midi.

En 1909, première année de leur fonctionnement, les cours ont été suivis par 56 élèves.

Écoles Industrielles supérieures.

Ces écoles sont accessibles aux diplômés d'une école industrielle ordinaire qui veulent se perfectionner et obtenir un diplôme plus élevé. Elles doivent être établies dans les localités importantes, d'accès facile, au centre des régions où existent plusieurs écoles industrielles ordinaires. Leur but est de former des contre-maîtres, des conducteurs de travaux, des chefs monteurs, des chefs d'ateliers, des chefs de bureaux, de commerce et d'industrie etc, en un mot, des intermédiaires intelligents et instruits entre l'ouvrier et le patron, de véritables sous-officiers de l'industrie.

Une première école de ce genre a été créée en 1900 par la ville de Mons; une seconde a été annexée au musée de Charleroi; une troisième au musée de Morlanwelz. Elles comprennent trois années d'études, à raison de deux ou trois heures de cours par jour.

Celle de Charleroi comptait en 1910, 341 élèves inscrits, celle de Morlanwelz 61, celle de Mons 173; tous sont âgés de 16 ans au moins.

Écoles Industrielles du Degré moyen.

Définition : Les écoles industrielles sont des institutions d'enseignement populaire, comprenant un ensemble de cours généraux. Utiles à tous les auditeurs, elles sont complétées par des leçons spéciales, appropriées aux besoins industriels, professionnels et commerciaux de chacun d'eux.

La note caractéristique de ces institutions est de viser surtout à l'enseignement théorique, tandis que les écoles professionnelles s'occupent plus particulièrement de l'éducation manuelle.

But : Le but des écoles industrielles est de donner à l'ouvrier une instruction qu'il ne peut acquérir à l'atelier, de lui donner les moyens d'améliorer sa condition matérielle, de l'initier à la connaissance des lois générales qui président aux transformations de la matière et de le mettre en état de contribuer a l'accroissement de la production et à l'augmentation de son bien-être intellectuel, moral et social.

Pour réaliser ce vaste projet, il est nécessaire de mettre à la portée du jeune travailleur une solide éducation technique, qui l'arrache à l'empire de la routine et le rende apte à se plier aux progrès incessants de l'industrie.

Mais à côté de l'ouvrier instruit, il faut également l'employé capable, ayant des connaissances générales de la spécialité dont il s'occupe. Cet auxiliaire indispensable de l'industriel et du commerçant doit-être formé, lui aussi à l'école technique.

Ainsi comprise, l'école industrielle constitue un grand moyen de moralisation et de progrès. Il existe en Belgique, deux genres distincts d'écoles industrielles, les unes communales, les autres privées ou libres.

Toutes sont encouragées ou subsidiées par l'Etat du moment qu'elles sont établies avec des garanties de stabilité et d'utilité suffisantes. Elles se subdivisent en diverses catégories d'après les besoins locaux et les ressources dont elles disposent.

a) Ecoles industrielles ordinaires.

Celles-ci ont des cours le soir, en semaine et généralement le dimanche matin. Les études comprennent deux années préparatoires communes à tous les élèves, suivies presque toujours de trois années d'application, consacrées aux spécialités industrielles de la contrée.

b) Ecoles industrielles avec Section professionnelle.

Ces écoles sont plus complètes que les précédentes : parfois elles donnent un enseignement professionnel complet, comme cela existe pour les métiers du fer et du bois, pour le tissage etc.

D'autres fois, ces cours manuels sont isolés et se rapportent à de simples spécialités, telles que la peinture, la sculpture etc..

c) Ecoles industrielles avec Section Commerciale.

Elles sont semblables aux autres comme organisation, mais ont en outre, un ensemble plus ou moins étendu de cours commerciaux et de langues étrangères.

d) Ecoles industrielles mixtes.

Annexées à des académies de beaux arts ou à des écoles de dessin elles se divisent, après les années préparatoires, en une section artistique et une section industrielle.

e) Cours industriels du dimanche.

Ces établissements sont les moins complets ; elles

sont ouvertes le dimanche matin, d'octobre à juillet, pendant 3 ou 4 années. Elles ne peuvent pas délivrer des diplômes de capacité, comme les précédentes, mais de simples certificats de capacité. On peut les classer dans l'enseignement technique du degré inférieur.

Plan des études. — Le plan des études varie d'école à école; pour donner une idée de l'étendue de leur programme, nous indiquerons sommairement les diverses spécialités abordées par ces établissements:

Commerce et langue étrangère.
Exploitation des chemins de fer.
Industries des automobiles.
Industrie du bâtiment.
Industrie chimique.
Industrie électrique.
Industrie houillère.
Industrie mécanique.
Industrie métallurgique.
Industrie navale.
Industrie textile.
Peinture.

Le Gouvernement n'a pas arrêté le programme type des branches à enseigner, il laisse aux organisateurs des écoles le soin d'approprier les études aux industries locales et au degré d'instruction de la population scolaire.

L'enseignement théorique repose sur la méthode intuitive, les exercices pratiques et les expériences sont multipliés autant que possible et des visites industrielles complètent les leçons.

L'étude du dessin est une des branches principales, cet art nécessaire à tous les ouvriers constitue le langage du métier.

Durée des études. — La durée des études est variable, elle dépasse rarement cinq années scolaires. Les cours ont lieu le dimanche dans la matinée, et, en semaine le soir.

Conditions d'admission. — Etre âgé de 14 ans au moins, savoir lire et écrire et connaître les quatre opérations fondamentales de l'arithmétique.

Droit d'inscription. — Les élèves paient un modique droit d'inscription restitué à la fin de l'année scolaire aux auditeurs assidus, sous forme de livret à la caisse d'épargne ou de retraite, d'outillage, etc.

A l'origine les cours étaient gratuits ; l'introduction d'un droit d'inscription eut une salutaire influence sur le succès des écoles industrielles, peu à peu les sujets médiocres disparurent et les bons élèves, plus nombreux qu'auparavant redoublèrent de zèle et d'activité.

Moyens d'encouragement. — Des diplômes de capacité sont décernés aux élèves de la dernière année d'études, après un examen écrit et oral, présenté avec succès sur les matières enseignées dans les sections spéciales. L'économie industrielle est obligatoire pour tous les examens. Certaines écoles accordent des bourses de voyage aux élèves qui se distinguent aux examens de sortie. Les bénéficiaires de cette faveur s'engagent à présenter un travail sur un sujet technique déterminé.

Le plus précieux de tous les encouragements consiste dans l'accueil bienveillant que les jeunes diplômés recoivent dans l'industrie et le commerce.

Le cadre de ce rapport ne nous permet pas de donner l'énumération des écoles industrielles de Belgique. Leurs statistiques générales s'établissent de la manière suivante pour l'année 1910 :

Nombre d'écoles: 91.
Professeurs: 1256.
Elèves inscrits: 26978.
Certificats et diplômes décernés: 2226.

Ces chiffres sont suffisamment éloquents par eux mêmes.

Nous ne pouvons passer sous silence les *cours de commerce et de langues* fondés en diverses villes du pays par des cercles d'employés de patrons et de voyageurs de commerce.

Ils ont pour but de répandre les connaissances commerciales et celle des langues vivantes; il y en a 22, répandues dans tout le pays.

Ces cours ont lieu le soir en semaine et le dimanche matin, ils sont accessibles aux jeunes employés de bureaux d'affaires. On y enseigne la comptabilité, la géographie, la correspondance en diverses langues, la dactylographie et la sténographie.

Nos *Ecoles de Métiers d'art* sont également à mentionner. Nous en comptons 12 à la date de 1910.

Citons ici: *L'Ecole de Bijouterie et de Ciselure de Bruxelles*, qui compte quatre années d'études. Le programme comprend: le travail manuel, le dessin et des conférences sur l'histoire des bijoux à travers les âges. En 1910, l'école comptait 120 élèves inscrits dont 35 de 14 à 16 ans, 61 de 16 à 20 ans et 24 au dessus de 20 ans.

L'Ecole de décoration du cuir et du métal à Bruxelles a pour but d'enseigner le travail artistique du cuir ciselé et du métal repoussé. Elle fut fondée à Bruxelles en 1907; les leçons ont lieu tous les jours, sauf le dimanche, de 8 à 10 heures du soir. L'âge exigé est de 18 ans au moins; le programme comprend 3 années; en 1910 l'école comptait 31 élèves.

L'*Ecole de dinanderie à Dinant*, fondée en 1907, a pour but de restaurer à Dinant l'antique industrie artistique du cuivre travaillé et repoussé. Les cours ont lieu to 's les soirs, sauf le dimanche; ils ont été suivis en 1910 par 25 ouvriers.

Les *Ecoles Saint Luc* fonctionnent à Gand, Liège, Bruxelles, Mon. et Tournai. Leur tendance est de démocratiser l'art, c'est-à-dire, de donner un cachet artistique aux objets d'un usage journalier à la portée de tout le monde : cet enseignement est essentiellement basé sur le dessin.

Théoriques et graphiques, les cours embrassent tout ce qui concerne la construction, l'architecture et les métiers qui en dépendent.

Le programme comporte :

Un cours préparatoire d'un an.

Trois années d'études et d'analyses d'auteurs.

Quatre années d'application et de composition.

En 1910, les écoles Saint Luc comptaient le chiffre respectable de 2760 élèves inscrits, tous âgés d'au moins 14 ans.

L'*Ecole de reliure et de dorure*, fondée à Bruxelles en 1898, a pour but de relever le niveau artistique et professionnel et de cultiver le goût de nos ouvriers relieurs et doreurs. Les cours se donnent le soir pendant la semaine et le dimanche matin ; le programme est divisé en 4 années. Le chiffre de la population scolaire s'élevait en 1910 à 95 ouvriers inscrits.

Une intéressante école de *métiers d'art* a été annexée en 1904 à la fameuse abbaye bénédictine de Maredsous ; son but est de conserver et de faire revivre les techniques qui menacent de se perdre par suite du développement du travail à la machine (émail filigrane etc.). Le programme ressemble à celui des

écoles St-Luc, l'école fut fréquentée en 1910 par
35 apprentis.

Écoles et Cours professionnels.

Ateliers d'apprentissage. — L'apprentissage tend
malheureusement à disparaître dans tous les pays,
à la suite de l'emploi des machines et de la division
du travail. Les pays producteurs se sont alarmés de
cette situation. L'Allemagne, l'Autriche, la Suisse ont
fait des lois organisant l'apprentissage; en Belgique
on s'est contenté d'encourager les initiatives privées
qui cherchaient à rémédier à cette situation affligeante.
Des initiatives heureuses ont été prises par des syndicats ouvriers, des corporations industrielles, par des
particuliers et par des communes; chacune de ces
institutions est appropriée aux mœurs des régions
où elles sont fondées; leurs programmes sont divers,
ainsi que leurs horaires de cours: il serait impossible
de les caractériser dans leur détail.
finit les *écoles professionnelles :* des institutions d'ensei-
finit les *écoles professionnelles,* des institutions d'enseignement technique, qui organisent des cours théoriques et pratiques, mais (en donnant à l'éducation
manuelle une importance primordiale.

Les *Cours professionnels* sont des institutions similaires aux précédentes, mais d'importance moindre.

Les *Ateliers d'apprentissage* différeraient des précédentes en ce qu'elles reduisent au minimum possible
les cours théoriques et donnent une importance plus
grande encore aux travaux manuels. Sans entrer dans
les détails d'organisation de chacune d'elles, nous
signalerons ici, par leur simple nomenclature, qu'elles
s'adressent aux professions les plus variées.

L'armurerie (à Liège et à Wandre).
La batellerie (à Namur).
La coiffure (à Bruxelles, Anvers et Gand).
La cordonnerie (à Liège, Louvain et Thielt).
Le fer et le bois (12 écoles et cours).
Groupes de métiers divers (14 groupes).
Horlogerie et électricité (à Bruxelles).
Mineurs (Marchienne, Docherie).
Pêche (sur toute la plage).
Peinture (Anvers, Bruxelles, Liège).
Plomberie (Bruxelles, Liège).
Tailleurs (Bruxelles, Liège, Mons).
Tailleurs de pierres (Ecaussines, Maffle, Namêche
et Sprimont).
Tapisserie (Anvers, Bruxelles).
Textiles (Courtrai, Renaix).
Typographie-lithographie (Bruxelles, Gand, Liège).

Des cours professionnels sont organisés en faveur
des cigariers, des chapeliers, des cordonniers et tailleurs, des tanneurs et des typographes, ainsi que de
divers groupes de métiers. Pour le tissage, dix-huit
ateliers d'apprentissage fonctionnent, à côté de vingt
écoles et cours professionnels.

Notre industrie textile leur doit une bonne part
de sa prospérité et notre population ouvrière une
formation plus intelligente et des salaires meilleurs.

Conclusion.

Tel est en raccourci le vaste tableau de l'enseignement
professionnel en Belgique. Ceux qui désireraient des
renseignements plus complets et plus détaillés sur
son organisation ou sur son fonctionnement, les trou-

veraient dans les rapports sur la situation de l'enseignement depuis 1884.

Ce travail consciencieux et méthodique est la reproduction fidèle des efforts déployés et des résultats obtenus dans notre pays en faveur de l'instruction et de l'éducation populaire, sous le contrôle de l'Etat et sous l'égide de nos deux grandes libertés constitutionnelles: la liberté d'association et la liberté d'enseignement.

La théorie de l'enseignement professionnel

RAPPORT DU R. P. LUCAS, S. J., à NAMUR

Cette note ne se propose pas de traiter, dans toute son ampleur le problème de l'enseignement professionnel.

« Convient-il d'exiger un droit d'inscription? quel usage faire des ressources ainsi créées? quelle part assigner au travail manuel? etc. » Autant de points auxquels je ne veux pas toucher.

Non. Je ne veux parler ici que des cours théoriques indispensables à tout enseignement professionnel et, notamment, signaler un défaut malheureusement fréquent, difficile à corriger, autant, à mon sens, que capital.

A en juger par les branches d'enseignement professionnel dont j'ai eu à m'occuper, je crois pouvoir dire que, dans la multitude des ouvrages soi-disant pour ouvriers, les manuels vraiment recommandables n'abondent pas. Un grand nombre ne sont que des abrégés, des décalques de cours supérieurs, même de cours d'université!

Semblables ouvrages répondent mal à leur but. — Evidemment. — Mais à quoi tient, surtout, ce défaut d'adaptation? Efforçons-nous de préciser ce point.

Les questions exposées sont-elles trop difficiles? Parfois, sans doute. Il ne faut pourtant pas se faire d'illusion à cet égard. Plus que jamais, nombre de professions exigent l'initiation de l'ouvrier à certaines théories complexes. L'agriculteur, l'éleveur, ont besoin de notions soit de physique et de chimie, soit de microbiologie. On ne peut plus décerner un diplôme d'électricien au jeune homme qui ignore tout des courants alternatifs. Les applications de cette forme de l'énergie électrique se rencontrent partout. Or, il sera toujours difficile d'expliquer à des ouvriers la génération des courants alternatifs et les conditions essentielles de leur utilisation.

Difficile, oui! mais non pas impossible. Tout dépend de la manière, et, précisément, c'est là que gît le mal.

Le vice rédhibitoire d'un très grand nombre de manuels réside dans le mode d'exposition, dans leur structure pédagogique: les théories nécessaires, indispensables, ne sont pas réellement mises à la portée de l'élève apprenti ou ouvrier.

Je prends le dessin comme exemple, le dessin si nécessaire dans tous les métiers. Quel est l'ouvrier qui n'a pas besoin de lire le croquis, l'épure d'un travail à exécuter, d'une machine à employer? Il lui faut donc un cours de géométrie descriptive: c'est entendu. Or, dira-t-on, les éléments les plus simples de la géométrie sont le point, la droite et le plan. Le cours devra donc, logiquement, débuter par la représentation projective du point, de la droite et du plan.

Et bien! non. Pareille logique est détestable. Elle est antipédagogique dans tout enseignement. J'ai dit «dans tout enseignement», mais je n'insiste pas. Elle l'est, au plus haut degré, dans l'enseignement professionnel.

Le point, la droite et le plan ne disent rien à l'apprenti. Ce sont là des êtres abstraits qui le rebutent. Il ne les voit pas dans les choses du métier. Or, l'ouvrier est utilitaire.

Il n'a pas tort. Car enfin, il doit gagner sa vie et l'enseignement professionnel n'a-t-il pas la prétention de l'aider à la mieux gagner?

Mais enfin, eût-il tort, si vous voulez lui faire du bien, il faut le prendre tel qu'il est, vous adapter à sa mentalité, à sa conception très matérielle et très concrète des choses.

Nous parlions de logique. Il fait bon de s'entendre. La disposition courante des manuels de dessin est logique: ontologiquement ou objectivement parlant, soit! psychologiquement ou subjectivement, en aucune façon! La conception de l'abstrait exige une opération psychologiquement plus complexe que la conception du concret, et c'est le lieu de se souvenir de l'adage: «Nil in intellectu quod non prius fuerit in sensu». Les portes de l'intelligence sont les sens et les sens ne perçoivent que le concret. C'est toujours une aberration pédagogique que de débuter par l'abstrait.

Voilà le défaut, quel est le remède?

Au cours d'une inspection assez longue des écoles professionnelles de l'Allemagne, j'en ai rencontré une — mais une seule, — qui eût résolument brisé avec la routine des manuels. C'était à Karlsruhe. A la première classe de dessin donnée *aux électriciens*, le professeur, sans autre préambule, leur présente une plaque d'accumulateur, — objet emprunté aux choses du métier et de forme très simple (cela revient à une planchette munie d'une queue plate). « Dessinons, dit-il, cette plaque au tableau noir en vraie grandeur: d'abord vue de face, puis, un peu à droite, dessinons-là tournée à 90 degrés, c'est-à-dire vue suivant la tranche verticale. — Dans cette rotation, les côtés horizontaux sont restés à même hauteur: réunissons les deux représentations de ces côtés par des pointillés horizontaux qui nous rappelleront leur rapport mutuel.

« Enfin, mettons l'objet à plat et dessinons-en la tranche horizontale, etc... »

« Reproduisez maintenant ce dessin sur votre cahier, non point en vraie grandeur, mais réduit. »

« Comment tracer exactement les perpendiculaires, les parallèles ? »

Voilà du coup introduites, d'une façon concrète et à propos d'un objet intéressant pour l'apprenti, les notions des diverses projections, de la réduction à l'échelle, quelques considérations géométriques. On se gardera pourtant bien de beaucoup généraliser immédiatement.

Deuxième leçon. Objet: un aimant, en fer à cheval, à jambes droites ou à pièces polaires alésées. Toujours des obejts du métier, mais déjà plus complexes ; aux lignes droites s'ajoutent des arcs de cercle. Où se trouve le centre? comment le déterminer graphiquement?

On comprend la méthode. Les notions, les propriétés *se généralisent inconsciemment* dans l'esprit de l'élève. Quand elles seront arrivées à maturité, on les énoncera en termes généraux et abstraits qui, cette fois n'effrayeront plus, mais s'imposeront comme les expressions d'une langue indispensable au métier compris d'une façon intelligente.

Et grâce à un choix judicieux, longuement raisonné,

souvent corrigé, d'objets d'une complexité graduée, le professeur conduit ses élèves aux problèmes passablement difficiles de pénétration de cônes et cylindres, etc.

En route, l'élève n'a jamais perdu le contact avec la réalité du métier. Son intérêt n'a pas faibli. Si la marche en avant a été nécessairement plus lente qu'avec la méthode abstraite, le travail accompli est incomparablement plus solide.

Nous avons dit: « la première leçon de dessin donnée *aux électriciens.* »

En effet, cette méthode de concrétisation constante demande que les cours dits généraux: arithmétique, dessin, géométrie, comptabilité, etc. soient donnés séparément aux élèves des divers métiers.

Le succès complet est à ce prix.

La preuve expérimentale en a été donnée, à l'évidence, ces dernières années à notre école professionnelle de la rue des Brasseurs. Le distingué et dévoué collaborateur qui l'a fournie a bien voulu m'en tracer l'histoire dans une petite note que je vous demande la permission de vous lire.

« Le fait remonte à une dizaine d'années. »

« Chargé de donner un cours d'arithmétique aux élèves de divers métiers de l'école professionnelle de Namur, j'ai rencontré chez la plupart d'entre eux un dégoût trés marqué pour cette branche: les peintres notamment ne se rendirent au cours que sous la menace d'être exclus de l'école. »

« J'avais en vain tenté de rendre les leçons faciles en procédant par « induction », contrairement à la méthode des mathématiques, qui est déductive, et ainsi, réduit considérablement la tâche de l'élève par la suppression des définitions arides ou inutiles. Rien n'y fit. J'eus alors l'idée de réunir les jeunes peintres (ils étaient 17) en cours spécial et de leur parler «peinture» tout en faisant de l'arithmétique élémentaire, Cette idée agréée par la direction de l'école, fit fortune: dès la première leçon, j'avais conquis mon monde par des problèmes très simples sur l'addition.»

«En voici des exemples:

1. Que coûte le mélange suivant, destiné à une première couche sur surface sèche et poreuse, non encore peintes: 10 litres huile de lin à 0,95 fr. égale 9 fr. 50: 4 kilos. céruse en pâte à 0,65 égale 2 fr. 60; 1/4 litre siccatif à 1,60 égale 0,40?

2. Dites aussi le prix du dosage suivant, convenant pour crépissages intérieurs dont la dessication ne serait pas absolue, bien que l'étant suffisamment pour ne pas repousser la peinture: 8 litres huile de lin à 0,95 égal 7,60; 2 litres essence de thérébentine à 1,55 égale 3,10; 4 kilogs céruse en pâte à 0,60 égale 2,40; 1/4 litre siccatif à 1,60 égale 0,40?

«Après avoir résolu ces problèmes, les élèves tiraient la règle générale de l'addition, son but et ses principes.»

«N.-B. — Ces mêmes problèmes modifiés me permirent plus tard de calculer le prix de revient par kilogramme de mélange.»

«De même, tous les énoncés des problèmes se rattachèrent à leur spécialité pour les autres opérations fondamentales, pour l'étude du système métrique, des fractions, des règles de trois.»

«Je cite encore ce problème: «Voici une composition de couche de fond pour le pitchpin: céruse broyée, 575 gr.; ocre jaune, 60 gr.; mine orange, 5 gr.; essence de thérébentine, 290 gr.; huile de lin, 40 gr.; siccatif

30 gr. (total 1 kg). Le volume de ce procédé est 1/2 dm. cube. *a)* Calculez la quantité à préparer pour couvrir en trois couches quinze portes de 2 m. 20 sur 1 m. 05, double face, sachant qu'il faut un litre de couleur pour 13 m. carré 86;

b) dites le poids à prendre de chaque quantité;

c) calculez le prix de revient au cours du jour;

d) cherchez le prix de vente du kilogramme, si l'on prend un bénéfice de 25 p. c.

« Pour la rédaction de ces problèmes, je mis à contribution quelques ouvrages de la bibliothèque de l'école, se rapportant à la peinture. (Traité pratique de la peinture industrielle, par Alexandre Souris; imprimeur: Aug. Fonteyn, Louvain. — Traité de la peinture du bâtiment, par Emile Platteau; imprimeur: Société anonyme de l'imprimerie des travaux publics, Bruxelles.)

« Sans doute ces questions n'avaient pas toutes la prétention d'être pratiques; aussi le problèmes résolu, je m'arrêtai bien souvent à demander à mes élèves, — attentifs cette fois, — s'ils avaient déjà exécuté telle besogne dont nous venions de parler et à quelles conditions. Dès lors, ils rédigeaient eux-mêmes un problème vécu, après avoir discuté les prix affectés à chaque partie. »

« Le résultat de ce système dépassa toutes mes esperances: non seulement les élèves furent assidus au cours d'arithmétique, mais ils se plièrent à tout ce que je demandai: remise au net des leçons reçues, et travaux à domicile. Quelques-uns, même, sollicitèrent la faveur de prolonger les leçons après la fermeture officielle des cours, afin de récapituler ce qu'ils avaient appris. »

« On ne peut attribuer ce succès inespéré, qu'à l'intérêt suscité par les notions techniques rappelées occasionnellement. C'est qu'en effet, l'enseignement occasionnel, bien compris, constitue un procédé d'enseiment très fécond et un facteur éducatif d'une réelle importance. »

« Puis-je ajouter, que l'une des branches dont l'utilité indiscutable n'est pas comprise des jeunes gens des écoles professionnelles ou industrielles est « l'économie politique », précisément parce que les notions abstaites d'économie sociale devraient être présentées occasionnellement aux leçons de technologie des divers métiers ; ou bien si le cours d'économie politique est institué, qu'il soit basé sur les divers métiers auxquels appartiennent les élèves. »

« Agir autrement, c'est-à-dire, professer un cours abstrait, c'est tout bonnement inspirer le dégoût le plus complet pour cet enseignement post-scolaire. »

Voilà donc un fait bien établi : l'enseignement professionnel ne saurait être trop concret.

Et, pour ma part, je me plairais à pousser les conclusions au-delà même de celles de mon distingué collaborateur. Prenons garde à nous hâter à formuler des définitions, des principes. Réduisons-les à l'indispensable, et, pour le reste, recourons à l'abstraction inconsciente, à l'induction spontanée.

Que m'importe, en effet, que l'ouvrier sache formuler la définition, les principes de l'addition, de la multiplication, etc.? Que, dans les énoncés de problèmes de son métier, il sache, d'un coup d'œil sûr et prompt, en dicerner l'application, qu'il la réalise rapidement, voilà l'essentiel.

Ne faudrait-il pas en dire autant de l'étudiant, aussi longtemps du moins qu'il n'aborde pas la philosophie de la science ?

Je pouvais me résumer ici et conclure. Mais un ami aux avis duquel j'aime à me rendre, m'a invité à vous exposer, par manière d'application de ces principes, comment nous avons organisé l'enseignement professionnel, à l'«Ecole Saint-Jacques des Bateliers ». Je m'exécute, non sans une certaine crainte, de mettre votre patience à trop longue épreuve.

Le problème qui nous est posé, consiste à donner à des enfants d'âges variant entre 9 et 14 ans, au maximum, l'enseignement élémentaire et professionnel. A supposer que ces enfants ne sachent ni lire ni écrire, ce qui est le cas ordinaire, la durée totale des études sera de six à sept semestres. Ces semestres ne sont pas écourtés par les vacances, car il est impossible d'en fixer à des enfants, dont les parents voyagent continuellement au loin.

Lorsque ceux-ci reviennent dans le pays, ils ne reprennent leurs enfants que pour un petit nombre de jours.

Trois ans ou trois ans et demi sont néanmoins un temps bien court pour une formation aussi complexe. Nous sommes donc forcés d'élaguer les programmes ordinaires et de courir au plus pressé, tout en veillant soigneusement à faire de la besogne solide.

D'abord, nous avons supprimé tout enseignement formel de la grammaire. Grâce à de nombreuses remarques au cours de lectures, de dictées nombreuses, nos enfants apprennent à se servir correctement des mots *qui, que, quoi, dont, où;* mais aucun d'eux, ne pourrait vous dire que ce sont là des «pronoms conjonctifs ou relatifs, joignant au nom ou au pronom dont ils tiennent la place, une proposition déterminative ou explicative». Quel est, du reste, celui des enfants de nos écoles primaires qui commettra une faute de moins pour avoir appris cette définition abstraite ?

La langue technique, aussi bien que l'usuelle, s'enseigne à Saint-Jacques des Bateliers, par des exercices de vocabulaire. Enseignement de première nécessité : beaucoup des enfants qui nous arrivent ignorent les les termes les plus courants. Supposons qu'il s'agisse des mots « expéditeur, destinataire » et de leurs famille respectives. La sœur écrira au tableau noir les phrases suivantes : « Pierre envoie du charbon à Louis. Pierre expédie du charbon à Louis. Pierre est expéditeur, il fait deux expéditions de charbon par semaine. Le charbon est destiné à Louis. Louis est le destinataire de cette expédition de charbon. Lorsque le charbon est amené chez Louis, il arrive à destination. » A ce texte très simple, expliqué au besoin et copié, on ajoute des phrases à compléter par l'enfant : « Quand l'adresse d'une lettre est mal mise, la lettre n'arrive pas à...... destination. »

Et graduellement, cette petite tête se familiarise avec ces expressions, puis avec d'autres moins courantes : enfoncement, tirant d'eau, mouillage... niveler, rempaller un chargement en vrac, arrimer un chargement en comble, débarder, élinguer, dommages-intérêts, indemnité, staries, surestaries... protestation, mise en demeure... manquant ou feinte.

Parmi ces termes, on insinue une à une les notions les plus intuitives du droit commercial. Graduellement, l'enfant arrive à dresser lui-même un contrat de transport ou convention d'affrètement, une lettre de voiture, sans en omettre une seule clause, — à interpréter les conditions générales auxquelles, « sauf stipulations dérogatoires », l'affrètement est contracté sur la place d'Anvers.

Il comprend que « toute contestation sur l'exécu-

tion de la convention sera jugée, en premier ressort,
par les arbitres de la Chambre arbitrale et de conci-
liation... » Il saura plus tard recourir à sa police
d'assurance pour expliquer à un camarade ignorant,
insuffisamment assuré, qu'en cas d'avarie, il ne sera
payé qu'«au prorata de la valeur couverte». Voilà
pour la langue commerciale et pour les premières notions de droit commercial.

Dois-je vous dire qu'en arithmétique les problèmes
les plus élémentaires traitant de l'achat de rames,
gaffes, otieux, — de paiements de traction, droits de
navigation, frets, freintes, surestaries, — que les quatre opérations, exécutées toujours sur des nombres
concrets, se répètent pour les nombres de 1 jusqu'à
100 sur le mètre courant, jusqu'à mille sur une boîte
de poids, jusqu'à 10.000 sur le mètre carré. Et s'il
faut aller au-delà, jusqu'au million, nous considérons
le mètre cube. L'élève acquiert ainsi, l'intuition concrète des nombres, même très grands, et de la signification des opérations. Il est facile d'imaginer comment,
dans cet esprit, nous amenons le calcul des fractions
décimales et ordinaires.

Et l'on devine que nous n'avons garde de nous
appesantir sur les nombres premiers, ni sur cette
redoutable autant qu'inutile recherche du plus petit
commun multiple ou du plus grand commun diviseur.

Au lieu de cela, nous développons à outrance le
sens de la petite et évidente simplification par 2, 3,
4, 5, 8, 25..... et comme, d'autre part, nous ne posons
pas de problèmes enchevêtrés à plaisir mais uniquement ceux empruntés à la pratique réelle..., il se fait,
tout naturellement, que les procédés savants, bannis
de chez nous, seraient, pour l'ordinaire, parfaitement
inapplicables.

J'ai eu l'agrément de voir, qu'à penser de la sorte, j'étais en assez bonne compagnie.

J'assistais, en août 1910, à la réunion de la Commission internationale de l'enseignement mathématique. M. C. Bourlet, professeur au Conservatoire des arts et métiers à Paris, dans une conférence extrêmement intéressante, nous fît les déclarations suivantes :

« La voie rationnelle consiste à ne faire apprendre aux jeunes enfants que le mécanisme du calcul, et à rejeter à la fin l'exposé des théories, après l'étude élémentaire de l'algèbre... A quoi bon fatiguer les cerveaux d'enfants de dix à treize ans par des variations sans fin sur le plus grand commun diviseur et le plus petit commun multiple... A quoi cela servira-t-il à quatre-vingt-dix-neuf élèves sur cent de savoir que la décomposition d'un nombre entier en facteurs premiers n'est possible que d'une seule matière ? et même de savoir réduire une fraction à sa plus simple expression ? On pourrait compter sur les doigts les cas pratiques exceptionnels où cette connaissance pourra être utilisée... »

Et M. Bourlet concluait :

« Je ne désespère pas de voir toutes les théories sur les diviseurs et les nombres premiers, définitivement reléguées dans la dernière des classes de la section scientifique de nos écoles secondaires. »

Nous sommes dans la voie tracée par cette parole si autorisée. Mais si nous ne tracassons pas nos élèves avec des définitions et des théories, en revanche, nous faisons des centaines de problèmes variés et gradués de notre mieux. Puis une fois résolu en détail, le problème est repris rapidement et la marche en est mise en évidence. Cette répétition opère d'une façon très efficace le développement du sens arith-

métique. Elle se fait généralement par *calcul mental*
avec des données légèrement modifiées, arrondies au
besoin. Chez les élèves plus avancés, le calcul mental
doit précéder et sert à déterminer, d'avance, l'ordre
de grandeur du résultat. Plus de risque alors, surtout
quand il y a des décimales, de trouver des cent mille
francs au lieu de quelque dizaines, ainsi qu'il arrive
souvent aux débutants. — Le calcul mental, voilà
encore une partie essentielle de l'enseignement professionnel. Sans lui, comment l'ouvrier, le petit patron fera-t-il, *stante pede*, les devis rapides et de
première estimation qui se présentent tous les jours
dans les transactions commerciales?

Je passe rapidement sur les branches tout-à-fait spéciales de l'enseignement batelier. Cet enseignement
comporte évidemment une étude très aprofondie de la
géographie des voies navigables: nature et importance
du trafic des ports; notions sur les marchandises transportées et des industries desservies; puis un cours de
dessin et de géométrie appliqués à la batellerie; des
leçons sur l'épargne et l'antialcoolisme; des leçons
d'hygiène et un cours pratique de premiers soins en
cas d'accident: cours de première importance dans une
corporation comme la nôtre. En cas d'accident pendant le voyage, on pourrait, parfois ne pas trouver
de médecin à 10 kilomètres à la ronde. Aussi nos
garçons s'exercent-ils à pratiquer la respiration artificielle. Garçons et filles savent bander un homme des
pieds à la tête: les circulaires, les obliques, les huit,
ne les embarrassent pas plus que les attelles ou la
fronde.

A notre programme est également inscrit le travail des
des câbles: épissures et brêlages, etc.

Mais le pivot de tout notre enseignement est le

Journal de bord où tous les autres cours s'alimentent, et vers lequel tous convergent. Nous considérons en effet comme indispensable, que l'enseignement professionnel présente aux yeux de l'apprenti un tableau complet du métier, tableau qu'il importe de rendre aussi adéquat que possible à la réalité.

A Saint-Jacques des Bateliers, le *Journal de bord* est tenu par tous les élèves des classes supérieures, aussi bien dans la section des filles que dans celles des garçons. Censés toujours à bord, ils y inscrivent, *quotidiennement*, en abrégé, toutes les opérations, comptes, correspondances, etc., qui se présentent dans la pratique. Tout le long de cet enseignement occasionnel, son graduellement semées les difficultés diverses devant lesquelles peut se trouver le batelier.

En deux ans, tous le réseau naviguable, sillonné par nos péniches, est parcouru dans une série de voyages, enchaînés les uns aux autres, et où les voies importantes se retrouvent plusieurs fois.

Tous les devis de ces voyages ont été établis d'avance, les comptes de revient sont dressés pendant le déchargement.

En janvier, chacun fait son bilan, etc.

Parallèlement au Journal de Bord, dans les cours spéciaux, tous les cas particuliers rencontrés sont repris, modifiés, généralisés, codifiés, et tout cet ensemble constitue un arsenal assez complet de correspondance, de comptabilité, de notions de droit commercial où le jeune batelier, lancé dans la vie, pourra puiser avec intelligence et discernement.

Inutile, je pense, d'insister sur le travail considérable que pareil enseignement suppose de la part du corps professoral. Que de recherches pour s'enquérir des frets réellement pratiqués dans tel port, des usages de telle région, des prix de traction sur telle rivière à telle saison, des calculs de patente, des frais de douane dans les divers pays, etc. Mais inutile aussi sans doute de mettre en relief les avantages de la méthode. Nous croyons que c'est la vraie.

N'est-elle pas la seule vraie?

Pour notre compte, nous n'avons qu'à nous féliciter de nous y être attaché le plus fidèlement possible.

Et si vous voulez que je concrétise une fois de plus, je vous citerai ce résultat particulier. Supposons un enfant, âgé de onze ans, d'intelligence moyenne, sachant tout au plus quelques lettres; en deux ans, nous réussissons à le mener au calcul d'amortissement par annuités fixes, basé sur les intérêts composés, et cela, non point par l'application d'une formule, mais en raisonnant complètement le problème proposé.

Voici enfin quelle pourrait être, ce me semble, la conclusion de cette note:

Des vues et des faits exposés, il ressort que dans une école professionnelle, complètement organisée, il faut autant de cours d'arithmétique, de dessin, etc., que de métiers. C'est une difficulté, sans doute, ce ne peut être une objection, puisque telle est la condition indispensable du succès de l'enseignement. Si le professeur de technique donnait lui-même ces cours, ce serait sans doute l'idéal. Et tout professeur de technique doit en être capable. Il ne lui suffit pas d'être habile artisan, bien au fait des tours de mains du métier. Il importe qu'il possède à fond l'établissement des projets, des plans, des devis, la comptabilité... Or, voilà le vrai domaine du dessin et de l'arithmétique du métier en question.

L'entière spécialisation de ces cours dits généraux.

n'est-elle pas réalisable immédiatement, on peut, par mesure transitoire, grouper les métiers analogues. Car réunir cordonniers et ajusteurs, nous l'avons vu, c'est une utopie vouée d'avance à l'insuccès. Dans ces cours communs, à chaque leçon, le professeur devra s'ingénier à grouper des applications du même type, prises dans les divers métiers ; chaque métier y trouvera une part qui lui soit propre, s'inspirant des données réelles simplifiées au besoin, mais jamais invraisemblablement déformées.

Pareille conception de l'enseignement exige de multiples recherches, des enquêtes de détail, des remaniements de leçons et le reste.

Ici comme toujours le profit est en raison du travail.

En résumé, je formule les vœux suivants :

I. Les questions théoriques indispensables dans l'enseignement professionnel seront présentées d'une façon aussi concrète que possible, sur des données empruntées à la réalité du métier. On aura recours, avec prédilection, à l'induction spontanée, lentement progressive.

II. Spécialement, les cours généraux, tels que l'arithmétique, le dessin, etc., imprégnés de ce caractère concret et réel, seront, autant que possible, donnés séparément aux divers métiers et professions, ou tout au moins à des groupes de métiers et professions similaires.

L'enseignement professionnel, complément de l'éducation populaire

RAPPORT DE M. PIERRE VERHAEGEN

CONSEILLER PROVINCIAL,
MEMBRE DU CONSEIL SUPÉRIEUR DE LA BIENFAISANCE.

La question de l'éducation populaire préoccupe, à bon droit, tous les esprits qui ont le souci du lendemain. Demain sera ce que l'auront fait l'éducation et l'instruction données à nos enfants. Il s'agit donc, dans l'intérêt de la société comme dans l'intérêt de chacun de ses membres, de généraliser l'enseignement dans le peuple. Il s'agit de l'adapter à ses besoins, aux nécessités économiques de chaque pays, mieux encore, de chaque région. De plus en plus, on se convainc, dans toutes les nations progressives, que l'enseignement primaire, base nécessaire de la formation de la jeunesse, ne suffit pas à la réalisation de ces objets, qu'il faut le compléter par un enseignement plus poussé et, notamment, par l'enseignement professionnel.

Nous examinerons ici d'une manière générale, en

nous plaçant surtout au point de vue belge, les rapports
qui doivent exister entre l'enseignement professionnel
et l'enseignement élémentaire. Nous verrons quel caractère — facultatif ou obligatoire — il convient de
donner à ce double enseignement. Nous indiquerons
enfin les conditions essentielles auxquelles il faut su-
bordonner l'obligation scolaire, là où elle est inscrite
dans la loi.

*
* *

Il est impossible, à celui qui jette un coup d'œil
d'ensemble sur la situation de l'enseignement populaire en Belgique, de ne pas éprouver une impression
de prospérité très grande et d'indéniable progrès, surtout depuis les 28 années que les catholiques occupent
le pouvoir.

En 1884, dernière année du Gouvernement libéral,
le nombre d'écoles primaires suivant les programmes de
l'Etat et soumises à son inspection s'élevait à 4810;
ces écoles étaient fréquentées par 324.867 élèves. En
1909, les écoles inspectées étaient au nombre de 7435
et 934.924 élèves en suivaient les cours. En ajoutant
aux écoles primaires les écoles d'adultes et les écoles
gardiennes, on trouve, pour l'ensemble des établissements d'enseignement populaire inspectés par l'Etat,
en 1884, 7550 écoles, fréquentées par 472.685 élèves;
en 1909, 15.128 écoles, fréquentées par 1.437.597 élèves.
Envisagés au point de vue de la diffusion de l'instruction dans les masses populaires, les résultats ne sont
pas moins brillants. Alors qu'en 1884 la proportion
des illettrés, parmi les hommes incorporés dans l'armée, atteignait 20.05 p. c., elle ne dépassait pas 9.65
p. c., en 1905. Et cette proportion tend à s'abaisser
encore. En 1908, sur 1.160.582 enfants âgés de 6 à

14 ans, il n'y en avait que 46.381 (anormaux non compris), ou 3.13 p. c., qui ne fréquentaient pas les cours d'une école. Si l'on retranche de ce dernier chiffre les enfants qui reçoivent l'instruction à domicile, ceux qui arrivent à l'école après 6 ans ou la quittent avant 14 ans et les enfants des vagabonds et des normales, dont la plupart resteront toujours, et quoi qu'on fasse, en marge de l'école, on arrive à cette conclusion qu'en Belgique, en dehors de toute contrainte scolaire, le nombre des illettrés est devenu une quantité négligeable. La raison d'être de cet état de choses a été, d'ailleurs, parfaitement expliquée par M. Errera, recteur de l'Université libre de Bruxelles : « L'émulation entre l'enseignement libre et l'enseignement officiel, poussée très loin à tous les degrés et jusqu'à la passion dans l'enseignement primaire, produit évidemment les effets habituels de la concurrence : l'instruction est offerte pour peu de chose ou pour rien, et on l'améliore sans cesse. Avec raison on a pu affirmer que le nombre des illettrés est ainsi en diminution et que les écoles sont en progrès (1). »

En dépit de ces constatations rassurantes, un mouvement d'opinion très important se dessine pour améliorer encore la situation existante. Il faut viser, dit-on, à généraliser l'instruction. Il faut surtout la rendre effective, forte, durable. Trop d'enfants fréquentent l'école d'une manière irrégulière ou pendant un nombre d'années insuffisant : d'où une proportion relativement grande de demi-ignorants. D'autre part, beaucoup de parents, n'étant pas obligés d'assurer à leurs enfants une instruction sérieuse, ni même de leur en assurer aucune, en profitent pour les astreindre à des travaux au-dessus de leur âge : d'où grave incon-

(1) ERRERA, *Traité de Droit public belge*, p. 95.

vénient pour la santé de nos futurs ouvriers et pour
l'avenir de la race. Ajoutez-y qu'un grand nombre de
jeunes gens, même parmi ceux qui possèdent une instruction élémentaire suffisante, arrivent à l'âge d'adulte
mal préparés pour les luttes de la vie: aux jeunes
hommes il manque une formation professionnelle sérieuse et méthodique; aux jeunes filles il manque
des connaissances ménagères adaptées à leur rôle futur. Sur ce point surtout l'enseignement populaire est
resté en dessous de sa tâche. De plus en plus, en
effet, il apparaît que l'avenir est aux ouvriers d'élite,
aux fins artisans; de plus en plus aussi on se rend
compte de la nécessité d'améliorer les conditions maté-
rielles de la vie, sous le rapport de l'alimentation et de
l'hygiène. La Belgique a besoin d'une main-d'œuvre per-
fectionnée, d'une classe ouvrière robuste et saine, quand
ce ne serait que pour pouvoir lutter contre la concurrence de ses puissants voisins. Ces avantages, notre
enseignement populaire, tel qu'il est organisé, ne les
assure pas d'une manière assez générale: ici l'enseignement professionnel ou ménager est inexistant, insuffisant ou mal adapté aux besoins particuliers de
la région; ailleurs les intéressés s'y soustraient. Il
importe au plus haut point d'étendre à tous les futurs
travailleurs le bénéfice de cette formation supérieure,
complément indispensable de l'instruction primaire.

Ainsi raisonnent, en Belgique, les partisans de l'enseignement obligatoire; faut-il l'ajouter, leur raisonnement est devenu celui de presque tout le monde. La
réforme compte des défenseurs convaincus, des sou-
tiens résignés; bien des gens clairvoyants estiment
que ce n'est pas une panacée. Mais plus personne ne
discute le principe. Le législateur ne saurait s'y soustraire. La question de savoir si la Belgique suivra les

autres pays d'Europe dans la voie de l'obligation scolaire et donc devenue, en fait, d'ordre académique. Demain elle ne se posera plus, lorsqu'aura été votée la loi dont le prochain dépôt a été annoncé par le Gouvernement.

Le seul point qui reste discuté — et celui-ci est d'intérêt international — c'est la question de la durée de l'obligation scolaire. Doit-elle s'étendre seulement à l'enseignement primaire proprement dit, ou faut-il qu'elle embrasse également l'enseignement technique et ménager, qui est, on vient de le voir, le complément indispensable de la première formation? Il importe ici de faire une distinction. Il ne peut, à mon sens, être question, dans la plupart des pays d'Europe, d'imposer dès à présent d'une manière obligatoire à la classe ouvrière l'enseignement technique supérieur, celui qui s'adresse aux débutants du travail industriel, encore moins celui qui a pour but de perfectionner dans leur métier les ouvriers adultes. Ce sera là peut-être une réforme de l'avenir. Actuellement il faudrait déjà s'estimer heureux si l'on pouvait généraliser ce que le projet de loi déposé en 1911 par M. Schollaert, chef du cabinet belge, a appelé « le 4e degré à tendances professionnelles ». Il s'agit ici d'un enseignement primaire supérieur, venant se superposer, pendant un terme de deux années, à l'enseignement élémentaire, ayant pour objet de compléter celui-ci, mais comportant, en outre, pour les garçons, des notions théoriques et pratiques d'enseignement professionnel, pour les filles des notions de science ménagère. Faut-il étendre à cet enseignement le principe de l'obligation, à supposer que celui-ci soit inscrit dans la loi qui régit l'instruction primaire?

Un moyen terme a été proposé en Belgique. On a

mis en avant l'idée de laisser les communes, détentrices
de l'autorité dans les écoles officielles, libres de décider si l'enseignement primaire supérieur, dans les limites de leurs territoire, serait obligatoire ou facultatif.
Ce système offre l'incontestable avantage de sauvegarder l'autonomie locale, qui est de tradition en Belgique : la commune, censée être le meilleur juge de ce
qu'exige l'intérêt de ses habitants, est laissée libre de
prolonger la durée de l'instruction. Les partisans du
système font remarquer que, dans les communes rurales surtout, où la main-d'œuvre tend de plus en plus
à se raréfier, il est indispensable que les cultivateurs
puissent continuer à se servir de leurs enfants pour
les travaux agricoles. L'obligation scolaire, disent-ils,
mettrait obstacle à cela. Elle irait à l'encontre des
désirs de nombreux parents. Elle enlèverait leurs
enfants à un travail généralement sain. Elle risquerait
de compromettre chez certains la vocation agricole.

Ces critiques visent, en réalité, plus le principe de
l'obligation que sa durée. Le principe une fois admis
pour l'enseignement primaire, il me paraît indispensable d'assurer à tout le monde, dans sa plénitude, le
bienfait de la formation supérieure qui est peut-être
le principale avantage de l'instruction généralisée. On
a soutenu que la classe ouvrière tout entière réclame
l'obligation légale. Je ne crois pas à cette unanimité.
S'il faut que la loi impose un écolage perfectionné,
c'est parce que la nécessité de développer la jeunesse,
de l'outiller, de l'orienter, existe pour tous les ouvriers,
même et peut-être surtout pour ceux qui voudraient s'y
soustraire. Ceux-là — et je les crois nombreux —
il faut les sauvegarder contre leur imprévoyance. Une
loi qui laisserait sur ce point la liberté aux communes
aboutirait à ce résultat que la plupart des communes

rurales et beaucoup de petites villes s'abstiendraient de décréter l'obligation, tandis que toutes les communes industrielles et toutes les grandes villes s'empresseraient de l'imposer. Des écoles de la première catégorie de communes sortiraient les citoyens les moins instruits, les moins bien armés pour la vie; les écoles de la seconde catégorie de communes formeraient les citoyens les mieux outillés, les mieux faits pour réussir dans l'existence. Ces dernières communes passeraient dans l'opinion pour être les amies de l'instruction; les premières seraient réputées favorables à l'ignorance. Une éventualité aussi fâcheuse doit à tout prix être évitée. Quelque répugnance que puisse inspirer à certains l'obligation scolaire prolongée, il faut que la loi l'impose partout, il la faut même dans les régions agricoles.

On a exprimé la crainte que le quatrième degré obligatoire ne vienne entraver la vocation agricole chez les fils de cultivateurs. Bien compris, cet enseignement peut, au contraire, fortifier, sinon faire naître le goût de l'agriculture chez les enfants de nos campagnes. On assiste aujourd'hui, dans la plupart des pays à civilisation ancienne, à l'exode des populations rurales vers les villes. Pour ne citer que l'exemple de la Belgique, la statistique prouve que depuis 60 ans la population des localités de moins de 5000 habitants s'est accrue seulement de 9,49 p. c., alors que la population des localités de plus de 5000 habitants s'est élevée de 166 p. c. Or il y a en Belgique plus de 2400 communes rurales et moins de 200 localités industrielles ou urbaines, et dans les communes rurales, près de 90 p. c. des habitants sont fils de cultivateurs ou d'artisans qui trouvent dans l'agriculture un supplément de ressources. L'exode rural est encore plus accusé que ne

l'indiquent ces chiffres, car, chaque jour ou chaque
semaine, des milliers d'ouvriers domiciliés dans les
communes rurales vont travailler dans les centres industriels. A quoi tient cet exode? On l'explique, en
particulier, par la médiocrité des salaires agricoles et
leur infériorité aux salaires industriels. Mais, si la
main-d'œuvre est, en général, mieux rémunérée dans
les villes, le coût de la vie y est, par contre, plus élevé:
l'émigration vers les villes n'est donc pas, pour la
masse, une source d'enrichissement; la plupart des
intéressés ont tôt fait de s'en rendre compte. La cause
profonde qui pousse tant d'habitants des campagnes
à aller grossir les masses prolétariennes des grands
centres, c'est l'attrait presque irrésistible, la fascina-
tion qu'exercent les vastes agglomérations urbaines
sur les jeunes gens mal préparés à la vie rude et séden-
taire des campagnes et dégoûtés de la carrière paternelle. Les vocations agricoles se font plus rares parce
que les générations nouvelles n'ont plus à un degré
suffisant l'amour de la campagne, parce que beaucoup
de jeunes gens ne comprennent plus l'intérêt et la
beauté de ce métier agricole, si bienfaisant pourtant,
si apaisant, si fortifiant pour l'âme comme pour le
corps, et qui a fait la grandeur de leurs pères. Et les
jeunes campagnards n'apprécient plus la profession
agricole parce que, en regard de l'attraction exercée par
les villes, l'école primaire ne fait pas ce qu'il faudrait
pour les retenir à la campagne. Aujourd'hui encore;
l'agriculture est la grande source de prospérité de la
Belgique, sa principale réserve d'énergie, le gage le
plus assuré de sa conservation sociale; demain, si l'on
n'y prend garde, elle traversera une crise qui pourrait
lui être fatale. En présence de la situation qui la menace, la première mesure qui s'impose c'est de s'em-

parer, par l'école, de la jeunesse 'des campagnes; c'est
de réorganiser, sur des bases professionnelles, l'enseignement primaire dans les régions rurales; c'est de
faire servir l'école à orienter les jeunes générations
vers la vocation paysanne comme vers leur carrière
naturelle. A ce point de vue, la généralisation, dans
les milieux agricoles, de l'enseignement primaire 'à
tendances professionnelles répond à un besoin ur-
gent(1). Et remarquez qu'il ne suffit |pas de préparer la
formation agricole des jeunes garçons; il ,importe aussi
de s'occuper des filles. Le rôle 'de la femme, en agriculture, est aussi important que celui de l'homme.
Ce n'est donc pas assez de donner aux jeunes filles,
dans les régions rurales, l'enseignement ménager, ainsi
que cela se pratique aujourd'hui dans 'de nombreuses
communes : il faut encore que cet 'enseignement comporte obligatoirement des notions précises d'agriculture, — laiterie, alimentation des animaux, aviculture,
culture maraîchère, — toutes choses qui seront du
ressort de la future fermière. L'enseignement ménager
qui ne comprendrait pas ces notions risquera fort de
détourner les jeunes filles de la carrière agricole plutôt
que de les y encourager. Et ce qui est vrai des élèves
l'est aussi de la formation des institueurs et des institutrices : ces mêmes leçons qu'ils devront enseigner à
l'école primaire il faudra qu'elles leur laient été incul-
quées de manière approfondie dans les écoles normales.

Question de programme et question de pédagogie, on
ne saurait trop insister sur ces deux points : ils sont
d'une importance capitale pour le succès de l'enseignement professionnel dans les classes primaires su-

____

(1) Au sujet de la mission de l'enseignement primaire à tendances professionnelle dans les milieux agricoles, on consultera avec fruit le très remarqua-
ble article du D' Emmanuel LABAT, *La vocation paysanne et l'école*, paru
dans la *Revue des Deux Mondes* du 1" juillet 1912.

périeures. Le programme technique doit être adapté aux besoins particuliers de la région, de la commune, et à ce point de vue il faut souhaiter qu'à côté d'un minimum de programme imposé, la loi laisse à l'autorité scolaire locale une certaine latitude pour établir, sous le contrôle de l'Etat, la partie du programme qui sera plus spécialement en rapport avec les nécessités de l'endroit. Quant aux maîtres et aux maîtresses chargés de donner l'enseignement professionnel, ils devront eux-mêmes avoir été formés non seulement à la théorie, mais à la pratique des notions qu'ils enseignent. Il importe, au surplus, que leur enseignement technique se maintienne à la hauteur de sa mission, qu'il soit vivant et ne dégénère pas en un enseignement livresque ou purement mnémonique. Dans ce but, il serait à souhaiter que des professionnels — par exemple, des agronomes, pour ce qui concerne l'enseignement agricole — soient admis à collaborer à la préparation technique des maîtres, à accompagner les inspecteurs de l'enseignement primaire dans leurs tournées d'écoles, et que, dans les débuts tout au moins, ils travaillent personnellement à donner aux classes du quatrième degré l'orientation professionnelle nécessaire.

On le voit, même dans les campagnes, l'école primaire supérieure obligatoire, loin de présenter des dangers, sera un puissant instrument de progrès, à condition qu'elle soit bien comprise. Elle aidera à attacher à la terre le futur cultivateur et sa compagne. Elle leur fera aimer leur métier et la dignité de leur métier. Elle déposera en eux les premiers éléments des connaissances scientifiques nécessaires, les intéressera à la carrière agricole par de vivantes leçons de choses, leur donnera le goût du travail méthodique et du progrès. L'enseignement du 4ᵉ degré ne s'arrêtera pas là : s'emparant de la jeunesse à l'âge où son intelligence et son cœur commencent à s'ouvrir, il se préoccupera de la formation morale et patriotique des élèves ; il développera leur initiative et leur énergie. Un horizon magnifique s'ouvre de ce côté pour nos éducateurs. Un jour viendra où nos cultivateurs eux-mêmes seront les premiers à apprécier la haute portée sociale d'une loi organisant sur des bases rationnelles la formation supérieure de leurs enfants.

On vient de voir les avantages de l'obligation scolaire dans l'enseignement primaire à tendances professionnelles. Il me reste à indiquer les conditions essentielles auxquelles doit nécessairement être subordonnée l'obligation, aussi bien dans l'enseignement élémentaire que dans l'enseignement du degré supérieur.

Si l'Etat intervient pour contraindre les pères de famille à procurer un minimum d'instruction à leurs enfants, c'est en vertu de son pouvoir tutélaire, c'est parce qu'il lui appartient de veiller à ce que les jeunes générations soient outillées pour les luttes de la vie, c'est parce que la mission lui incombe de suppléer sur ce point les parents qui manquent à leurs devoirs. ou qui se trouvent dans l'impossibilité de les remplir. Mais ce droit, l'Etat ne peut l'exercer qu'à condition de ne pas blesser les parents dans leurs convictions, de ne pas les léser dans la liberté qui leur appartient. Il peut les atteindre dans leur imprévoyance en leur imposant la fréquentation scolaire : il ne peut pas leur imposer un enseignement qui heurte leurs idées religieuses ou philosophiques ; il ne peut pas davantage les contraindre, même indirectement, à envoyer leurs enfants dans une école qui ne répond pas à leurs convictions. S'il le fait, il abuse de son droit tutélaire, car il va à l'encontre d'un droit supérieur au sien : le droit du père de famille.

Cette question du droit du père de famille a pris, sous le régime de l'État moderne, une importance toute particulière. En effet, si l'État moderne — et par l'État on entend ici tous les pouvoirs publics qui interviennent sur le terrain de l'école — a pris en matière d'éducation un rôle prépondérant, si partout il accorde de larges subventions à l'enseignement public, s'il se fait lui-même éducateur de la jeunesse, ce ne peut être qu'en vertu d'une délégation tacite des pères de famille ayant des enfants en âge d'école. Le père de famille a, aux yeux de l'État, le devoir et, partant, le droit de donner à son enfant un enseignement conforme à ses convictions : l'État, mandataire des pères de famille, l'État, qui organise, avec l'argent de tous les contribuables, un enseignement destiné à aider ceux-ci ou à les suppléer dans leur tâche éducative, a, par conséquent le devoir d'établir cet enseignement en tenant compte des convictions individuelles. Là où les citoyens organisent eux-mêmes leur enseignement, l'État doit leur venir en aide par ses subventions ; là où ils se déchargent sur lui de ce soin, l'État doit mettre à leur disposition des écoles où l'enseignement est donné conformément à leurs préférences.

Envisageons, successivement, chacune de ces deux hypothèses.

Tout d'abord, examinons le cas, presque général aujourd'hui dans les pays civilisés, où l'État fournit lui-même l'instruction dans les écoles établies par ses soins. Comment organiser cet enseignement de manière à donner satisfaction à tous les intéressés ? Dans un

pays ou la généralité des citoyens auraient les mêmes
convictions philosophiques ou religieuses, la question
ne se poserait même pas : rien, en ce cas, de plus aisé
et de plus juste que de les contenter tous en mettant
à leur disposition un type uniforme d'école, dont l'enseignement reflétera exactement leur manière de penser : ce sera l'école religieuse, si tous les pères de
famille sont religieux ; ce sera l'école neutre, si tous
les pères de famille se réclament du rationalisme.

Mais telle n'est la situation dans aucun pays. L'unité morale, qui a existé chez certaines nations à quelques moments de l'histoire, a fait place, aujourd'hui,
à la division du peuple en deux grandes armées, irré-
ductiblement hostiles, l'armée de la foi et l'armée de
l'incrédulité. Dans chaque pays, il y a, actuellement,
des familles religieuses et des familles qui ne le sont
pas, des familles qui estiment nécessaire que l'enseignement soit pénétré de religion et des familles qui
regardent comme non moins nécessaire qu'il soit neutre
ou vide de religion.

Comment, dès lors, l'État enseignant fera-t-il pour
satisfaire tout le monde, pour sauvegarder les droits
de tous les pères de famille ?

En imposant à ses écoles un programme qui ne
froisse les opinions de personne ? C'est chose impossible, car si l'école officielle, ainsi établie, aboutit à former des croyants, elle va à l'encontre des vœux de ceux
qui prétendent faire de leurs enfants des incroyants, et
si elle forme des incroyants, elle contrevient aux désirs
des parents qui veulent que leurs enfants soient des
croyants.

Mais encore, m'objectera-t-on peut-être, si les parents
diffèrent d'avis au sujet de la question religieuse, que
l'école laisse cette question en dehors de son champ

d'action, qu'elle soit strictement neutre. L'école neutre
est accessible à tout le monde, puisque, ne prenant
parti ni pour ni contre la religion, ne recommandant
ni ne condamnant aucun système philosophique, elle
ne heurte les convictions de personne.

Ceci est une pétition de principe. Pour savoir si
tout le monde peut se contenter d'un enseignement
même strictement neutre, il ne suffit pas de le
proclamer : il faut, en tout premier lieu, demander l'avis des intéressés, c'est-à-dire des familles ;
elles seules sont juges de ce qui heurte leurs convictions ou de ce qui les respecte, et l'on se demande
en vain qui pourrait, en pareille matière, parler
à leur place. Or, c'est un fait patent et général
que de nombreux parents répudient pour leurs enfants,
comme directement attentatoire à leurs convictions,
un enseignement basé sur la neutralité religieuse. Dès
lors, dire que l'école neutre ou laïque est accessible à
tout le monde, c'est énoncer une contre-vérité, et étendre le caractère neutre à toutes les écoles officielles
d'un pays, bien plus, décréter l'obligation scolaire alors
qu'on n'a à offrir aux parents que des écoles sans religion, c'est attenter gravement, à la liberté et à la conscience du peuple.

Faut-il ajouter que l'État, en généralisant l'enseignement neutre dans ses écoles, se départit, par la même, de la neutralité qui, dans la conception constitution-
nelle moderne, lui incombe sur le terrain de l'enseignement ? En effet, la neutralité de l'État ne consiste pas,
comme certains paraissent le croire, à faire régner
obligatoirement la neutralité dans l'école publique, car
la neutralité, en tant que base d'enseignement, est
une manière de système philosophique : c'est une philosophie négative, dont certains se contentent, que d'au-

tres exaltent, que beaucoup rejettent avec horreur. La véritable neutralité de l'Etat consiste à s'abstenir de favoriser plus tels chefs de famille, partisans d'un enseignement neutre, que tels autres chefs de famille, partisans d'un enseignement religieux; elle consiste à assurer à chaque groupe de familles l'enseignement de son choix, rationaliste, catholique, protestant, juif ou socialiste. C'est sortir de cette neutralité que de n'offrir à toutes les familles qu'une seule espèce d'école publique, dont ils ont à se contenter, car c'est se substituer aux parents dans l'orientation philosophique ou religieuse de l'enseignement donné à leurs enfants. L'Etat ne peut avoir ici qu'un seul rôle: c'est de fournir aux parents les moyens d'accomplir leurs obligations, c'est d'établir l'enseignement public en tenant compte des préférences individuelles, c'est de mettre à la disposition des enfants des écoles où ils trouveront la continuation de l'éducation de la famille. A cette condition essentielle doit être subordonné l'établissement de l'obligation scolaire. Si l'Etat agit autrement, il va à l'encontre du droit du père de famille, il s'écarte de sa mission, il fait litière de son mandat.

C'est donc dans la pratique sincère de la liberté que réside la solution du problème scolaire. L'Etat, lorsqu'il se mêle d'enseigner, à plus forte raison lorsqu'il impose la fréquentation scolaire, doit garantir à chacun la liberté du choix de l'école: il doit assurer aux croyants un enseignement répondant à leurs aspirations religieuses, aux non-croyants un enseignement rationaliste ou tout simplement neutre, d'après ce que réclament leurs convictions ou leur absence de convictions philosophiques. Il faut donc renoncer à l'école unique, à l'« école pour tous ». La solution qui s'impose,

c'est la création d'écoles diverses, répondant les unes
à l'idéal des uns, les autres à l'idéal des autres.

Comment y arriver? En imposant aux administrations locales, détentrices, dans la plupart des pays,
de l'autorité en matière scolaire, le soin d'établir
d'après les besoins manifestés par la population, un
certain nombre de classes religieuses et un certain nombre de classes neutres? Non pas. Ce serait porter un
coup trop sensible à l'autonomie des pouvoirs locaux
et ce serait, d'autre part, aller au devant d'un échec
certain: car on obtiendra difficilement d'une administration opposée aux idées religieuses qu'elle prga-
nise un enseignement donnant satisfaction à la partie
religieuse de la population, et, pareillement, une école
neutre établie par une administration composée en
majorité de croyants inspirera toujours de la défiance
aux contribuables libres-penseurs.

Que faire alors? Rien de plus simple. Laisser les
communes libres de donner à leurs écoles l'orientation religieuse ou philosophique de leur choix, mais, en
même temps, octroyer aux familles de la minorité, à
qui les écoles communales ne peuvent convenir, les
subventions nécessaires au fonctionnement d'écoles libres répondant à leurs convictions.

Nous touchons ici à un second principe de justice
en matière scolaire: c'est que, si l'Etat entreprend de
payer tout ou partie des frais de l'enseignement primaire, il doit faire la part égale à tous les pères de
famille ayant des enfants en âge d'école, il doit les
aider tous de la même manière à assurer à leurs enfants l'enseignement de leur choix, dans les écoles qui
ont leur préférences, soit libres, soit officielles. Ce
second principe est, d'ailleurs, la conséquence logique
du premier, car, si l'Etat abandonne sa neutralité con-

stitutionnelle en imposant comme base unique d'enseignement le dogme religieux ou l'abstention rationaliste, il contrevient pareillement aux devoirs de la neutralité et il attente à la liberté de conscience des citoyens — surtout des citoyens pauvres, en soutenant les écoles officielles, qui conviennent à telle catégorie de familles et en refusant ses subventions aux écoles libres, qui ont les préférences de telle autre catégorie.

Ce qui est vrai de l'Etat, au sens strict du mot, l'est aussi des pouvoirs locaux. Tout comme l'Etat, ils représentent, aux yeux des citoyens, l'autorité publique; eux aussi doivent donc rester neutres dans le sens qui vient d'être exposé et tenir la balance égale entre les pères de familles. Il est vrai, l'autorité communale représente, d'une manière directe et généralement adéquate, la majorité des pères de famille habitant sur son territoire, et l'on conçoit qu'à ce titre les communes soient autorisées à décider si l'enseignement, dans «leurs» écoles, sera confessionnel ou neutre. Mais il faut alors, pour rétablir l'équilibre, que la commune accorde les mêmes facilités d'écolage aux pères de famille qui n'acceptent pas le caractère donné à l'enseignement officiel: en d'autres termes, la justice distributive exige que la commune procure à la minorité des familles, tout comme à la majorité, les moyens d'assurer à leurs enfants l'enseignement de leur choix.

Un régime scolaire combinant de la sorte l'obligation avec le respect de la volonté des pères de familles, garantissant aux familles religieuses un enseignement sincèrement religieux, aux familles non croyantes un enseignement absolument neutre, sauvegardant, enfin, de la manière la plus large et la plus impartiale l'autonomie des administrations locales, serait à l'abri de toute critique fondée, de toute atteinte durable. Jamais système scolaire plus libéral, plus équitable, mieux équilibré n'aurait vu le jour.

C'est, il faut l'espérer, dans cette voie de progrès social, de liberté et de justice que toutes les nations civilisées auront à cœur d'orienter la grande œuvre de l'éducation populaire.

CONCLUSIONS ET VŒUX.

I

Il est à souhaiter que la loi rende obligatoire, pour les élèves ayant fréquenté les écoles primaires gra-tuites, l'enseignement primaire du degré supérieur à tendances professionnelles.

II

L'enseignement primaire à tendances professionnel-les comportera des notions techniques — théoriques et pratiques — dans les classes de garçons, des notions de science ménagère dans les classes de filles. Ces no-tions seront adaptées aux besoins particuliers des di-verses régions et une certaine latitude sera laissée aux autorités scolaires locales pour la détermination des programmes, sous le contrôle de l'Etat.

III

L'inscription dans la loi de l'obligation scolaire sera subordonnée à ces deux conditions:

a) organisation de l'enseignement officiel en tenant compte des convictions religieuses ou philosophiques des pères de famille et, dans ce but, création d'écoles diverses, répondant, dans chaque localité, aux préfé-rences de la majorité des familles;

b) sauvegarde des droits de la minorité des familles par la mise sur un pied d'égalité, au point de vue des subventions publiques, de toutes les écoles, tant libres qu'officielles.

Les Commerçants du XXᵉ siècle

RAPPORT DE M. Fr. VAN CAENEGEM,

MEMBRE DU COMITÉ DIRECTEUR
DE LA SOCIÉTÉ INTERNATIONALE POUR LE PROGRÈS
DES ÉTUDES COMMERCIALES (BUREAU A TRIEST).

Pentant longtemps, les universités eurent pour rôle de fournir aux classes dirigeantes un contingent d'hommes capables et instruits; autour des facultés, comme autour de leur centre, gravitaient les efforts intellectuels de tous ceux qui aspiraient aux carrières dites libérales.

De nos jours une *classe dirigeante nouvelle* réclame sa place au soleil; son influence va sans cesse grandissant. Elle détient les richesses du monde et les met en circulation au moyen des rouages puissants de la solidarité des Bourses et des Marchés, des Comptoirs et des Banques, des Transports accélérés, terrestres et maritimes, par le mécanisme international du crédit.

Elle compte une armée d'employés plus nombreuse

que nulle autre; du succès de ses opérations dépendent en grande partie, la richesse des individus, le progrès des nations.

Le temps est passé où l'on considérait le commerce comme une situation sociale peu enviable; faire de son fils un commerçant, plutôt qu'un avocat ou qu'un médecin, n'est plus, aujourd'hui, déchoir; avec l'extension qu'ont prises les relations internationales, avec la compénétration des peuples et l'expansion mondiale des affaires, est née, s'est développée et se confirme dans les esprits les plus réfléchis, l'idée que *la profession commerciale au XXe siècle vaut au moins les autres.*

Dans les affaires, dans les grandes affaires, l'empirisme perd chaque jour droit de cité; autant dire qu'il a vécu.

Le commerçant n'est plus l'épicier qui vend ses denrées à la mesure; c'est l'homme dont les idées larges, les investigations intelligentes, étreignent les deux hémisphères, afin de répandre partout les produits les plus variés, afin de fournir les individus et les peuples de ce qui est indispensable à leur subsistance, utile à leur bien-être, favorable à leur épanouissement économique.

Pareille profession exige une culture intellectuelle profonde et étendue; elle suppose, elle exige, tout aussi bien que les professions « libérales », la souplesse de l'esprit, la pénétration, l'initiative intellectuelle, la vive et prompte compréhension des hommes et des choses. Classée autrefois parmi les rangs inférieurs de l'échelle sociale des professions, la profession du commerce a trouvé sa place dans les dessus.

Il est incontestable que ces « hommes nouveaux »,

ces « novi homines » du XXe siècle, sont en droit d'exiger de la société, (les moyens de s'élever intellectuellement et moralement à la hauteur de leur destinée et des responsabilités qu'elle entraîne. Ils ont pour devoir d'acquérir une formation universitaire, une éducation scientifique, digne de leur état, digne d'une époque qui se transforme et qui les place hautement en vue. Ils doivent être des penseurs, des investigateurs, en état d'analyser et de synthétiser avec aisance et sûreté, les phénomènes divers et variés dont ils seront sans cesse les témoins ou les facteurs.

De plus à ces esprits spécialement cultivés, il faudra, pour suffire à l'accomplissement intégral de leur tâche, des corps résistants et robustes, à l'imitation de certains types modernes germains et anglo-saxons, qui firent l'admiration de leurs contemporains : Peel, Gladstone, Stanley, Bismarck, pour ne pas citer de noms vivants.

C'est au sujet des hommes d'affaires qu'en 1906 M. Chamberlain disait à Birmingham dans un discours remarqué : « Je ne puis trouver une seule raison pour croire qu'une instruction universitaire serait moins utile aux hommes qui passeront leur vie dans les affaires, qu'à ceux de n'importe quelle autre carrière savante. »

Cette vérité, avant hier peu méditée, est en train de devenir courante partout, à peu près comme un axiôme.

Le président de l'Université américaine, Western Reserve University and Adalbert College, M. Charles Thwing, fit là dessus une enquête intéressante, il y a quelques années ; il l'a publiée depuis lors dans son beau livre : « College Training and Business Men ».

Il s'adressa à tous les « Capitaines d'affaires » dans

les domaines de l'Administration, de la Banque, des Transports, des Assurances.

De toutes parts il reçut des réponses analogues: « L'éducation universitaire est indispensable aux hommes d'affaires. »

— « De quoi ont surtout besoin vos employés ? »

— « De culture intellectuelle, » fut la prompte réponse.

— « Que leur manque-t-il surtout ? »

— « La souplesse mentale, la puissance de voir grand et de pénétrer à fond. »

Hugo Crisholm, President of the International Paper Company, donne à l'enquêteur cette réponse significative: « A mon avis, il n'est pas de problème plus
» sérieux pour les Directeurs d'Ecoles Universitaires
» à notre époque, que celui d'organiser d'une façon
» intelligente et pratique, un programme scientifique
» ayant pour but, d'instruire et d'éduquer le mieux
» possible, ceux de leurs élèves qui aspirent à entrer
» dans la carrière commerciale, plutôt que dans toute
» autre carrière, et de créer ainsi ce type de haute
» capacité intellectuelle, cet homme pratique et intè-
» gre, que l'on réclame de toutes parts avec instance,
» pour administrer avec succès et honnêteté, la vaste
» somme de capital, concentré dans les grandes so-
» ciétés industrielles de ce pays. »

Les grands chefs d'industrie du Nouveau-Monde sont d'accord pour proclamer la nécessité de l'Université commerciale, de cette institution qu'ils se plaisent à appeler du nom suggestif de « Modern University ».

Les mêmes idées ont cours en Allemagne.

Dans son rapport de 1905, le directeur de la faculté de commerce de Cologne s'exprimait ainsi: « On est
» convaincu partout de plus en plus que celui qui se

» destine au grand commerce ou qui est destiné
» d'avance à devenir le chef responsable d'une entre·
» prise importante, que cet homme a besoin non seu·
» lement de cette habileté que l'on acquiert par une
» pratique tous les jours renouvelée, mais qu'il lui
» faut bien plus encore cette compréhension exacte
» des phénomènes variés de l'économie mondiale,
» compréhension qu'il ne pourra acquérir qu'à l'Uni-
» versité.

» L'Université commerciale seule le mettra à même
» de saisir dans sa totalité cette vie économique qui
» tend de plus en plus à revêtir un caractère inter-
» national, à même de juger sainement de l'observaiton
» des faits et de passer rapidement de ce jugement
» aux déterminations pratiques. Seule l'Université
» met le jeune homme en état de s'assimiler dans
» toute son ampleur, cette riche culture intellectuelle
» et morale, que la vie économique offre d'elle même
» à tous ceux qui sont suffisamment cultivés pour
» la recevoir...

» Les professeurs de la « Nouvelle Université du
» XXe siècle » veilleront attentivement à la fidèle
» réalisation de cet enseignement spécial; ils n'ou·
» blieront pas que la raison d'être de leurs fonctions
» académiques est de donner à la jeunesse la culture
» nécessaire pour la pratique de la vie. »

Dans un autre centre intellectuel de l'Allemagne,
en une circonstance solennelle, le Conseiller du commerce, Zweiniger, de Leipzig, s'exprima en ces termes, dans une adresse au roi Georges de Saxe, lors
de la visite de celui ci à la ville de Leipzig en 1907:

« Notre vie économique acquiert une étendue et une
» importance toujours plus grande; nous communi·
» quons avec le monde entier par terre et par mer;

» notre commerce extérieur doit être constamment à
» la recherche de débouchés nouveaux; des problèmes
» nouveaux surgissent continuellement dans le do-
» maine de la politique sociale et coloniale. Toute
» notre activité économique, en un mot, exige que
» les jeunes gens destinés aux carrières commerciales
» et industrielles, soient mis en possession non seu-
» lement d'une instruction technique limitée aux cho-
» ses de leur état, mais d'une instruction générale
» profonde; la vie moderne exige qu'ils soient munis
» d'un bagage scientifique aussi perfectionné que pos-
» sible pour la vie publique et pour leur profession. »

Le directeur de la faculté de commerce de Leipzig,
M. Raidt, après avoir dépeint l'influence énorme puise
de nos jours par le grand commerce, dit dans un de
ses récents discours de rentrée: «A ceux qui portent
» les charges pleines de responsabilité du haut com-
» merce, il faut donner l'éducation la plus complète
» que notre temps puisse donner; cette éducation on
» ne la trouvera que dans le programme académique
» de l'Université Commerciale. »

Ces témoignages sont concluants; les grands peuples
commerçants les admettent comme des principes; partout nous assistons aux plus louables efforts pour
l'organisation d'un enseignement commercial vraiment
supérieur.

* * *

Cependant dans certains pays la question est discu-
tée de savoir quelle est la meilleure organisation à
donner à ces «modernes Universités»; «die Handels-
hochschulen des Zwanzigsten Jahrhunderts»; «Modern Universities. »

Deux courants se sont fait jour au sujet de cette
question: on pourrait les caractériser par ces appel-

lations : la tendance franco-belge et la tendance germano-américaine.

Les uns tiennent pour un programme avant tout d'application pratique, dans lequel figurent à l'avant-plan, les branches constituant les exercices simulés d'une maison d'affaires ; tels : les cours d'arithmétique commerciale, de bureau, de produits commerçables, du calcul des tarifs et transports, de constructions et d'armements maritimes, de droit commercial, de géographie, etc.

A l'arrière plan se placent quelques cours moins immédiatement utiles, tels que l'économie politique, dans ses grandes lignes, l'histoire du commerce et de l'industrie, certains cours de droit.

Les partisans de l'autre courant mettent à la base du programme des cours de culture générale moderne. Ensuite figurent les branches d'application et enfin ils placent, à la disposition de tous les étudiants, une série de cours facultatifs, très variés, destinés à combler les lacunes les plus saillantes que peut accuser la partie du programme destinée à la culture générale.

C'est ainsi que certaines écoles organisent des cours facultatifs d'introduction à la Philosophie, de Logique, de Morale, de Psychologie ; d'autres un cours de littérature comparée des langues vivantes.

Je prends au hasard, dans des programmes américains, ou dans des programmes allemands, des cours facultatifs comme ceux-ci :

La plastique antique.

Les styles de l'ameublement et du bâtiment.

L'art appliqué à la maison, à la rue.

L'histoire de la musique, avec interprétations, lectures et auditions.

Le Journalisme au XIXe siècle.

Le peuple allemand et l'économie mondiale.

Les récents problèmes du haut commerce.

Les drames de Shakespare, d'Ibsen.

La grande Révolution française de 1789.

L'art du discours et l'improvisation, avec exercices pratiques.

L'exploitation des chemins de fer.

La réclame moderne.

La vapeur et l'électricité dans le commerce et l'industrie.

Il va de soi que ces cours, mis à la portée de tous, ne comportent pas un développement égal. Plusieurs sont répandus sur quelques heures de leçon; presque tous se donnent en dehors des heures de l'horaire officiel, dans les locaux de l'université.

Il n'en est pas moins vrai qu'aucun n'est négligeable; que chacun offre au jeune commerçant avec une part d'intérêt, une part d'éducation moderne, dont il pourra dans la suite tirer un parti utile pour lui même et pour la société.

D'autres programmes poussent plus loin encore le louable souci de la formation harmonique complète : aux cours scientifiques sont annexés, comme obligatoire, l'escrime, la gymnastique, la natation et l'équitation.

Selon moi, le choix ne peut être douteux entre ces deux grands tendances dont je viens d'esquisser les contours. La préférence des esprits cultivés ira vers les programmes les plus larges, les plus élevés, les plus généreux; ennoblir les pensées et les passions, élargir les esprits et les cœurs de ceux auxquels est réservé un grand rôle dans la société, tel doit être le souci des institutions d'enseignement supérieur commercial.

Cette formation noble est et restera toujours l'apa-
nage de ceux qui ont été formés au contact de la
philosophie, des belles lettres, des sciences juridiques
et économiques, des sciences naturelles. Elles complètent l'homme, elles font l'homme complet; elles
assouplissent le cerveau et donnent à l'intelligence
une pénétration, une faculté d'adaption, qu'une discipline étroite ne peut procurer. *C'est de la culture
vraiment universitaire, large et moderne, des jeunes
gens qui se destinent au grand commerce, que celui-ci doit attendre les meilleurs fruits et les plus
durables.*

Sir J. Lawrence Laughlin, professeur et président
du Département de l'Economie politique à l'Université
de Chicago, fait cette remarque dans l' « Atlantic
Monthly », elle sert de préface à son livre : « Meaning
and Practice of Commercial Education. »

« Si l'homme d'affaires ne parvient pas à trouver
» une formation éducative et littéraire, même dans
» les écoles de haut enseignement, il pâtira de plus
» en plus de cette lacune ; et l'on verra grandir tou-
» jours cette classe de commerçants étroits qui ne
» comprennent qu'un seul côté de la vie : la poursuite
» de la richesse. Gagner de l'argent devrait être con-
» sidéré comme un instrument, servant à la formation
» des goûts élevés et des qualités de l'esprit, qui
» nous font découvrir et savourer les belles choses
» de la vie, ces choses qui ne peuvent être achetées
» à prix d'argent. »

Je conclus en invitant les congressistes qui s'intéressent au perfectionnement de l'éducation commerciale à ne rien négliger pour que dans chaque pays,
ces écoles donnent au XXe siècle, des hommes complets, munis d'une culture complète, « men, gentlemen,

business men », capables de travailler avec intelligence et énergie au développement économique de
leur patrie.

———————

L'Ecole commerciale du syndicat des Voyageurs, Employés et Patrons.

(COMITÉ DE BRUXELLES).

RAPPORT DE M. J. GUFFENS

Organisation et but. — A peine créé, le Syndicat des Voyageurs, Employés et Patrons, convaincu que son but de régénération des classes moyennes n'aurait de succès qu'autant que ses adhérents eussent une culture intellectuelle sérieuse caractérisée par une orientation nettement professionnelle fonda, dès 1894, une école commerciale en vue de former, d'une part, des négociants et des patrons à la hauteur de leur mission, par l'étude de la comptabilité, des langues étrangères, de la technologie commerciale et industrielle, et d'autre part, de procurer au commerce et à l'industrie des employés d'élite.

Programme. — A l'origine, le programme comportait la comptabilité commerciale, la correspondance allemande et anglaise, le droit commercial et la sténographie. L'évolution rapide des moyens de production et, comme corollaire, des sciences économiques, força le comité à élargir les cadres de son enseignement.

En 1902, la cmmissioon administrative de l'école en réorganisa complètement le programme.

Au cours de comptabilité commerciale originaire, elle ajouta la comptabilité industrielle et financière.

L'étude du droit fut amplifiée, en ce sens que le code de commerce figure intégralement au programme avec des notions de droit civil.

L'arithmétique commerciale, l'algèbre financière, la technologie cmomerciale et industrielle avec la correspondance française, allemande, anglaise et la sténo-dactylographie complètent le programme.

Organisation. — La comission administrative se compose de sept membres élus par la Chambre Syndicale. Elle est présidée par M. Day-Tonino, président du Syndicat.

Les cours sont placés sous la direction de M. J. Guffens, professeur du cours supérieur des **sciences** commerciales et financières au Collège St-Michel, à Bruxelles.

La durée des cours est de trois ans; ils se donnent tous les jours, sauf le dimanche, de huit à neuf heures et demie du soir.

L'année scolaire qui commence le premier octobre et se termine fin juin, comprend trente deux semaines, déduction faite des vacances de Noël et de Pâques. Les élèves sont admis à partir de l'âge de 16 ans; ils doivent posséder au minimum à leur entrée, les connaissances de l'école primaire supérieure.

Un droit d'inscription de dix francs par cours est exigé, avec maximum de 15 francs, les étrangers au Syndicat paient un droit supplémentaire de six francs et les militaires bénéficient de la gratuité absolue. Une partie du droit est restituée aux élèves les plus assidus et les plus appliqués sous forme de livres traitant des matières enseignées.

Local et outillage. — Les cours se donnent dans

trois salles faisant partie des locaux occupés par le Syndicat; ces salles sont très bien appropriées. Le mobilier récemment renouvelé compose un outillage didactique complet absolument moderne.

L'institution possède, en outre, de nombreuses collections de produits végétaux et industriels ainsi qu'un portefeuille très fourni de documents commerciaux qui donnent à l'enseignement le caractère pratique qui lui convient.

Une bibliothèque commerciale technique complète l'outillage pédagogique.

Personnel enseignant. — Le personnel enseignant se compose de dix professeurs, spécialistes diplômés, attachés à des établissements d'enseignement moyen supérieur officiels ou privés.

Population. — La population a suivi une marche rapidement ascendante; de quarante élèves que comptait l'école à son origine, le nombre des jeunes gens inscrits au 1er octobre dernier, s'est élevé à plus de deux cents, nonobstant la multiplication toujours croissante des institutions similaires.

Résultats. — Depuis s,a fondation, l'institution a obtenu 725 diplômes devant le Jury central de comptabilité et de correspondance commerciale.

Chaque année le comité a la grande satisfaction de procurer à tous les élèves appliqués et dont la conduite est irréprochable, des emplois très rénumérateurs dans le commerce, l'industrie et la finance. Les employés casés par ses soins, dont plusieurs déjà occupent des fonctions très en vue, ne se comptent plus. C'est ainsi qu'à chaque examen organisé par les deux plus grands établissements financiers du pays: la Banque Nationale et la Société Générale de de Belgique, pour le recrutement de leur personnel, nos élèves se classent nombreux et bons premiers.

Budjet. — Le budjet annuel se chiffre, en dépenses, par environ 8000 francs ; elles sont couvertes à concurrence d'un tiers par un subside de l'Etat. Les droits d'inscription non ristournés et les allocutions du comité de patronage couvrent le solde.

Conclusion. — Nous pouvons conclure en terminant, qu'en instituant ces cours, le Syndicat Général des Voyageurs, Employés et Patrons, a rendu au commerce à l'industrie, à la petite bourgeoisie, à la science comptable et au pays, un service inappréciable, service d'ailleurs reconnu par le Gouvernement qui octroie à l'institution l'agréation et des subsides depuis sa fondation.

Le directeur de l'Ecole,
(signé) Guffens.

Bruxelles, le 27 novembre 1912.

L'école catholique libre d'adultes à Louvain

RAPPORT DE M. L'ABBÉ KOCKX.

Une œuvre unique peut-être en son genre, c'est l'école d'adultes dirigée par les étudiants de l'Université de Louvain.

Après les cours et l'étude, après leur journée de travail, les étudiants, appartenant à toutes les facultés universitaires, s'en vont le soir faire des cours à leur tour et prêter gratuitement leur aide intellectuelle à des jeunes gens sans fortune qui n'ont pas eu le bonheur de faire des études suffisantes.

Ces cours ont lieu, dans un local loué par les organisateurs eux-mêmes, tous les soirs de 20 1/4 à 21 1/4 heures, les dimanche et samedi exceptés.

Le programme est fort vaste. On y fait des cours de religion, de langue flamande, française, allemande, anglaise, d'arithmétique, de géométrie, d'algèbre, de géographie et d'histoire, de dessin et de mécanique. De plus, il s'y donne des leçons de comptabilité, de commerce et de sténographie.

C'est dire que cette école prépare aux emplois infé-rieurs et moyens du commerce, de l'industrie, de l'administration. Elle a formé, par centaines, des gar-des-convois, des facteurs des postes, des gardiens de prison, des employés de l'administration des Eaux et Forêts, etc. Depuis plusieurs années le programme s'est augmenté de nouvelles matières. Les situations sociales nouvelles ont suggéré l'idée d'y enseigner, d'une façon sommaire, la législation de l'épargne et d'y donner des aperçus sur les lois démocratiques belges.

Et comme l'école s'adapte de la manière la plus plus souple aux circonstances, que d'ailleurs le dévouement des étudiants de l'Université ne se trouve jamais en défaut, voici qu'on vient d'y instituer des cours spéciaux pour l'instruction générale des soldats de la garnison.

* * *

Les conditions d'admission aux cours de l'école d'adultes sont l'âge de 16 ans et une moralité reconnue.

* * *

Le bureau de l'école se charge de récompenser la conduite, l'application et le succès des élèves par une distribution des prix et des soireés récréatives organisées à leur intention.

* * *

Pour couvrir les frais de l'école, frais de locaux, de chauffage, de personnel, etc. les étudiants ont recours à une fête de charité annuelle, et... à leur bourse privée.

* * *

S'il est une institution qui mérite de s'appeler extension universitaire et dans le sens le plus utile en même temps que le plus noble, c'est celle-ci.

L'Abbé Kockx.

L'enseignement élémentaire et professionnel des enfants de Bateliers, à l'Ecole St-Jacques des Bateliers à Namur.

RAPPORT DU R. P. LUCAS, S. J.

La population batelière. — En Belgique et dans les régions limitrophes des pays voisins, la corporation batelière constitue un puissant rouage de l'organisation économique contemporaine.

La population occupée aux transports par eaux intérieures, est considérable. Au 31 décembre 1910, on comptait 11.765 bateaux immatriculés en Belgique. A supposer une moyenne de deux enfants en âge d'école, par bateau, — ce qui est en dessous de la réalité, nous arrivons à une population scolaire de plus 23.500 enfants.

Le problème scolaire. — Pour l'immense majorité de cette multitude d'enfants, l'organisme éducateur, en dépit de son énorme développement reste incomplet et inefficace.

De généreuses initiatives, bien rares hélas, ont imaginé de fonder des externats spécialement destinés aux petits bateliers. Il en existe notamment à Charle-

roi, à Gand et à Bruges, Ces institutions sont gran-
dement utiles. Pendant leur séjour dans les ports,
les enfants reçoivent de précieuses notions de lecture,
d'écriture et de calcul. Un certain nombre de sujets
bien doués, d'esprit vif et curieux, prennent le goût
de l'école, en suivent assidûment les leçons à chacun
de leurs retours, et arrivent ainsi à des résultats encourageants.

Mais bien rares sont ces élus, et quiconque médite
avec attention le problème scolaire de la batellerie,
en arrive bientôt à cette conclusion que, même à le
supposer organisé partout, sur un plan uniforme et
répandu avec la profusion qu'exige la multiplicité des
ports et la diversité des voyages successifs des parents, l'externat ne peut être regardé que comme une
solution embryonnaire.

La solution complète exige le *pensionnat*, unique
moyen d'assurer aux enfants de cette population voya-
geuse, l'assiduité nécessaire aux leçons et même le
pensionnat sans vacances régulières; car à ces braves
gens disséminés sur toute l'étendue du réseau navi-
gable qu'ils sillonnent, comment fixer une date à laquelle (non seulement des divers points du pays, mais
plus souvent encore de l'étranger, de Rotterdam, de
Ruhrot, de Strasbourg, de Lyon, de Nancy, d'Epinal,
de Paris, de Rouen ou de Douai) ils viendraient soit
reprendre leurs enfants à la fin des cours, soit les
ramener à la reprise? Les vacances du pensionnat
des bateliers doivent être individuelles et réglées sur
des chargements et des déchargemnts des bateaux
des parents dans un port relativement voisin.

En outre, le pensionnat batelier doit être à *prix
réduit,* le plus réduit possible. En effet, la batellerie
est loin d'être riche, en général, et surtout en ces

années où, à une crise industrielle et commerciale, vien
nent s'ajouter des crues persistantes avec leurs chô
mages forcés et leurs prix excessifs de traction.

Enfin l'enseignement du pensionnat batelier doit être
professionnel et ses éléments eux-mêmes, dès le début
doivent être caractérisés par cette tendance — afin
précisément de réduire au minimum les frais d'éducation de chaque enfant et de donner à son séjour à
l'école un effet utile maximum ; afin également de
solliciter et de soutenir l'attention de ces enfants,
tous très attachés au métier.

Cette solution du *Pensionnat batelier : sans vacances
régulières, à prix réduit, et à enseignement professionnel*
nous l'avons tentée à Namur. Le prix de la pension,
quoique réduit, (25 frs. par mois en moyenne, blan-
chissage et raccommodage compris,) ne l'est pas encore
assez pour être à la portée du grand nombre. Il serait
à souhaiter que des bourses allouées par les Pouvoirs
publics, les Chambres de Commerce, les grands négociants et industriels usagers de la voie d'eau lui per-
missent d'étendre son action. Néanmoins, organisée
comme elle l'est, notre institution a obtenu un succès
inespéré.

En moins de 9 ans, nous avons reçu plus de 620
pensionnaires.

Voici brièvement l'*Organisation de notre Ecole-Pen-
sionnat pour les enfants des bateliers*, agréée par
l'Etat.

Ouvert le 8 décembre 1903, cette école-pensionnat
est strictement réservée aux enfants de la Batellerie, et vise à leur donner une éducation et une instruction en rapport avec le métier qu'ils auront à exercer
plus tard.

Classes. — L'Ecole comprend deux sections : l'une

des garçons, l'autre des filles. Installées dans des bâtiments contigus, mais séparés, ces deux sections ne se réunissent qu'aux séances publiques.

La section des garçons comprend trois classes, la section des filles, deux.

De part et d'autre, la classe inférieure forme une *division préparatoire*. L'enseignement primaire qui s'y donne est orienté aussitôt que faire se peut, vers les besoins professionnels. Ainsi la plupart des problèmes d'arithmétique, mêmes les plus élémentaires, s'inspirent des conditions du métier.

Ecole professionnelle. — Les divisions supérieures, — 2 classes du côté des garçons, une du côté des filles, — constituent une école professionnelle. Voici, esquissé à grands traits, le programme de son enseignement :

Arithmétique commerciale. — Calcul du fret, des droits de navigations, des frais de traction, résistance des cables, poids et mesures, tonnages, densités, encombrement des marchandises, monnaies : escompte et intérêt; annuités, etc.

Géographie des voies navigables. — Géographie industrielle et commerciale. Voies navigables de la Belgique et des pays limitrophes. Trafic de ces voies et de leurs ports. (voir la carte statistique publiée par l'école) — Notions sur les marchandises transportées.

Notions de droit commercial du batelier. — Convention d'affrêtement. Résiliation, Staries et surestaries. Freinte et manquant. etc. Lois hollandaise et allemande. Assurances, hypothèque fluviale.

Comptabilité du batelier. — Journal du bord. — Comptes de fin de voyage, de revient, de fin d'année. Devis de voyage.

Hygiène et cours de la Croix-Rouge.

Epargne et Antialcoolisme.

Dessin et Géométrie appliqués à la batellerie.

Câblerie : épissures et brêlages. (Travail manuel. Notions sur les matières premières et la fabrication des câbles.

Gymnastique éducative.

Langues : Flamande et Allemande.

Nous avons cité plus haut le « Journal de bord ». Pareil journal est tenu par tous les élèves des classes supérieures, aussi bien dans la section des filles que dans la section des garçons. Les élèves, censés toujours à bord, y inscrivent quotidiennement, en abrégé, toutes les opérations comptes, correspondances, etc, qui se présentent dans la réalité du métier. Tout le long de cet enseignement occasionnel, sont graduellement semées les difficultés diverses devant lesquelles peut se trouver le batelier. Cette concrétisation absolue fait, du reste, le souci constant de notre pédagogie. Inutile d'insister sur les avantages de cette méthode.

Dans la section des filles, l'enseignement professionnel est sensiblement le même, mais naturellement les travaux de couture remplacent ceux des câbles.

Population — Au 25 novembre 1912, l'école avait reçu dans ses classes plus de 1.170 enfants dont 625 pensionnaires.

Ce même jour étaient présents 114 pensionnaires (67 garçons et 47 filles).

Pareil succès dans une région éloignée des grands centres bateliers et nonobstant la situation, si précaire aujourd'hui, de la corporation, nous autorise, semble-t-il, à croire que nos offres de services répondaient aux vœux de cette intéressante population. D'autre part, des personnalités très compétentes voulurent bien nous adresser des félicitations encourageantes. Et ici,

nous devons un souvenir ému au regretté président du
« Schippers-Collegie » d'Anvers, François Van de Velde.
Cet homme, dont la vie entière fut au service de la
batellerie, nous honorait de son amitié.

Toujours nous nous souviendrons, non sans fierté,
qu'au jour mémorable de son jubilé présidentiel, il
voulu bien publiquement nous donner le témoignage de
sa haute approbation.

Le Régime éducatif de nos écoles de Bienfaisance

RAPPORT DE M. P. RENAULT.

Un congrès d'éducation populaire ne peut se désintéresser de cette question essentielle : *la rééducation de l'enfance abandonnée ou coupable.*

Elle apparaît non seulement comme une mesure préventive de la société contre le recrutement de l'armée du crime mais elle constitue, surtout, une œuvre de pitié pour tous les petits malheureux, victimes de l'atavisme, du milieu social, de la misère ambiante, et, pour tout dire, très souvent, d'une famille défaillante.

En Belgique, les pouvoirs publics ont mis à l'avant-plan de leurs préoccupations cette question d'un puissant intérêt social.

En 1852 on voit apparaître en Belgique la première *Ecole de Réforme*, destinée à recevoir les jeunes gens mis à la disposition du Gouvernement pour cause de vagabondage ou de mendicité .

Depuis lors, d'autres écoles ont non seulement surgi, mais la vie et le rôle de ces établissements ont subi une évolution radicale.

En 1891, M. Le Jeune confondit la population de tous ces établissements et substitua à la dénomination d'*écoles de réforme* et de *maisons pénitentiaires*, celle plus largement accueillante d'*écoles de Bienfaisance.*

L'*Ecole de Réforme* et à plus forte raison la *Maison pénitentiaire*, c'était la geole avec ses rigueurs et toute sa formidable et desséchante puissance de dépression.

L'*Ecole de Bienfaisance* devait s'imprégner d'une atmosphère plus familiale, plus cordiale et rendre dans toute sa fervente expression la pitié, la mansuétude et l'émotion qu'évoque ce mot : l'*Enfant.*

L'*Ecole de Réforme* n'impliquait en quelques sorte, dans sa compréhension littérale, qu'une mesure de garde, d'isolement et de défense sociale.

L'*Ecole de Bienfaisance* haussait l'objectif jusqu'au rachat des âmes.

Cette conception nouvelle était la résultante des idées humanitaires dont l'effervescence se manifesta et continue à se manifester en faveur de l'enfance. La pédagogie et la médecine se sont fraternellement tendu la main pour rechercher d'un commun accord les causes premières des tares de l'enfant ; désormais celui-ci est, en quelque sorte considéré comme un malade en qui il s'agit de réveiller et de fortifier les sources de vie. Cette orientation eut pour conséquence l'individualisation des procédés éducatifs et fit tomber en désuétude les conceptions simplistes de la pédagogie répressive en faisant passer presque entièrement ses procédés du négatif au positif.

Cette nouvelle compréhension devait imprimer une décisive évolution à la vie intérieure de nos écoles de Bienfaisance. Néanmoins ce n'est pas tout de changer une dénomination, d'établir des systèmes dans la sérénité de son idéalité, il faut reconnaître que dans la marche des choses, les réalités et leurs contingences,

les hommes et leurs faiblesses, ont bien aussi leur mot
à dire et ce n'est qu'à pas lents que les faits s'organisent selon une ligne harmonique nouvelle.

Du reste, l'école publique elle-même, première béné-
ficiaire des orientations nouvelles, et qui s'est faite
avec obstination une admirable initiatrice intellectuelle,
s'est leurrée trop longtemps de cette pseudo équation:
instruction équivaut à moralité.

Aujourd'hui, en présence de la recrudescence de la
la criminalité infantile, on s'est convaincu de ce que
cette moralité ne répond pas au cœfficient de développement intellectuel du peuple. En ce moment même les
Congrès d'Education morale s'essoufflent en discussions
oiseuses sur le point de savoir s'il faut une morale
indicative ou une morale impérative. L'éducation morale a ses rhéteurs, hélas! il lui reste à conquérir
ses héros et c'est là toute la question.

Il serait hasardeux d'affirmer que, du jour au lendemain, les indications nouvelles trouvèrent dans nos
écoles de Bienfaisance une application idéale: en général, le personnel, imbu des rectrices anciennes se
confina par conviction, par tradition ou par insuffisance
dans la conception uniquement répressive des maisons
pénitentiaires ou tout au moins dans une conception
voisine. Pour changer les choses, il faut souvent changer les hommes dont elles dépendent. Au reste, en
matière éducative comme dans tout autre domaine,
nos réalisations restent toujours en dessous de nos
rêves. Tandis que nos écoles passaient lentement,
normalement, et définitivement aux orientations nouvelles, l'idée généreuse du législateur de 1891 subis-
sait à son tour une évolution plus radicale encore.

Le ministre actuel de la Justice M. Henri Carton de
Wiart fit voter la loi du 15 mai 1912 qui, en vue d'as-

surer et d'organiser la protection légale des enfants, instaure trois séries de mesures:

A. La première tend à protéger l'enfant contre les abus de l'autorité paternelle. Elle traite de la déchéance de la puissance paternelle.

B. La deuxième concerne les mesures à prendre à l'égard des mineurs traduits en justice.

C. La troisième traite des crimes et des délits contre la moralité et la faiblesse des enfants.

Je ne m'arrêterai pas à commenter ces diverses mesures, je soulignerai simplement le retentissement que doit avoir sur notre œuvre de rééducation, l'une des institutions qu'elles consacrent: *les Tribunaux pour enfants*. C'est-à-dire une juridiction plus cordiale, plus paternelle, qui s'efforcera moins de punir que de relever.

Un agent nouveau se place à l'avant-plan de l'œuvre de rééducation de l'enfance coupable: le *juge des enfants*, dont le Ministre de la Justice définissait la mission en ces termes: « Ce qui convient à l'enfant, c'est un régime spécial, approprié à son tempérament, à son âge, à son milieu. Le juge des enfants devra étudier ces divers éléments. Il devra s'efforcer de pénétrer dans le jardin secret de cette petite âme, il devra confesser ce petit être mystérieux comme tout le monde, suivant la belle expression de Maeterlinck. Connaissant l'enfant, s'étant enquis de ce qui lui convient par tous les moyens d'investigation dont il dispose, sachant quelles sont les chances d'amendement et de reclassement, il réprimandera ou recourra à la liberté surveillée, ou bien il confiera l'enfant à une institution de Bienfaisance, ou bien encore, en *cas d'absolue nécessité*, il prononcera la mise à la disposition du gouvernement, c'est-à-dire, l'envoi dans une de nos écoles de Bienfaisance, qui n'ont rien de commun avec les prisons ».

Le loi du 15 mai 1912, en établissant une hiérarchie de traitements a marché résolument dans la voie de l'individualisation. Elle n'exige pas tant que le juge suppute la gravité du délit, et le degré de discernement que de rechercher toutes les fatalités qui ont pesé sur ce petit être et l'ont livré par une série d'étapes fatales aux mains de la justice. Le juge devient un médecin d'âmes, un chercheur de remèdes, un excitateur des bonnes vitalités.

Avec le groupe des délégués à la protection de l'enfance, il s'efforce surtout de rendre opérant le système de la liberté surveillée.

Le principe éducatif que consacre la législation nouvelle procède de cette pensée que la famille est le milieu normal où l'enfant doit se développer physiquement et moralement et que la liberté est la grande éducatrice de la volonté et par conséquent de la personnalité morale de l'enfant.

Mais si l'enfant appartient à une famille défaillante, le juge le confiera à de braves gens qui essaieront d'en faire un honnête homme par les simples procédés qui leur servent à élever leurs propres enfants. Il y a une vertu de persuasion dans l'ambiance familiale; sans doute, elle comporte des incertitudes, des erreurs et des fautes même, mais enfin l'éducation d'honnêtes gens ne demande pas tant de décoctions à base scientifique: il y a un enseignement et une vertu dans le fait d'être, pour un père de famille, simplement et sans phrases, un brave homme.

Au reste, le but que je me suis proposé en écrivant ce rapport, n'est pas de mettre en relief les procédés et les résultats d'un système éducatif qui ne compte, en mon pays, que quelques mois d'existence, mais bien plutôt de donner un court aperçu de la vie intime et de l'influence moralisante de nos écoles de Bienfaisance. Désormais donc, le régime de l'école de Bienfaisance n'apparaît qu'en dernière analyse, lorsque l'enfant aura résisté aux suggestions de la liberté surveillée et subsidiairement aux enseignements des institutions spéciales de bienfaisance.

L'Ecole de Bienfaisance endosse donc, injustement, du reste, une réputation de rigueur, de discipline et de sévérité et sans être une dispensatrice de flétrissure, elle porte toutefois le poids de ses origines et apparaît plus justicière que maternelle.

Nos écoles de Bienfaisance sont au nombre de six: Ruysselede, Moll, Ypres et St-Hubert pour les garçons, Namur et Beernem pour les filles.

Elles apparaissent comme de grands phalanstères de paix, de recueillement et de travail, au milieu des campagnes des Flandres, de la Campine ou la Haute Ardenne.

Tout autour, la campagne — champs cultivés, prairies, fermes isolées, bouquets d'arbres, flêches d'églises — s'élargit jusqu'à la ligne lointaine d'horizon.

C'est la païx lénifiante des campagnes, le silence propice aux méditations, la grande nature apaisante et maternelle, guérisseuse des âmes et des corps.

La disposition intérieure des bâtiments s'inspire des plus scrupuleux soucis de l'hygiène et réalise ces deux conditions essentielles de lumière et d'espace depuis les couloirs, les classes, les réfectoires et les dortoirs, jusqu'aux ateliers. C'est, en réalité, un milieu propice aux régénérations physiques. Les enfants reçoivent là une nourriture saine et abondante où prédominent les produits de la ferme proche; des vêtements, chauds, l'hiver, souples et légers, l'été. Des récréations, des exercices de gymnastique servent de dérivatifs au travail des classes et des ateliers ; une plaine des jeux est là, proche, qui convie les jeunes gens à l'exercice des sports ; deux fois par semaine des promenades à travers champs entraînent à la marche et déjà les premières tentatives de promenades libres ont donné plein succès.

Le bain complet hebdomadaire est de rigueur et chaque établissement est pourvu d'un nombre suffisant de baignoires et de douches installées d'après les derniers perfectionnements.

Aux influences excitatrices du milieu qui, agissant sur la santé des corps, retentissent aussi souverainement sur la santé des âmes, nos écoles de Bienfaisance ont ajouté un travail constant et systématique de rénovation de l'intelligence et du cœur dont la base est la connaissance psychologique individuelle de l'enfant et les procédés d'action, la religion, le travail et la discipline.

A son entrée dans l'établissement l'enfant est dirigé sur la classe d'observation. La Belgique possèdera sous peu, comme la Hollande, un établissement central d'observation ; jusqu'à présent en raison de la classification basée sur l'âge et sur la province d'origine, on a dû créer dans chaque école, une classe où les entrants sont tenus en observation pendant un certain temps. La direction s'entoure de tous les renseignements : atavisme, moralité et santé des parents, état physique de l'enfant, maladies antérieures, degré d'instruction, tendances morales, acuité sensorielle etc., qui lui permettent de dresser, avec le concours du médecin, de l'aumônier et du pédagogue, une fiche complète sur l'état général de l'enfant et de déterminer le traitement physique, intellectuel et moral qui lui convient.

L'isolement temporaire en cellule qui est éminemment propre à briser les volontés rebelles et à faire entrer l'enfant dans la voie de l'amendement par la méditation personnelle et par la suggestion des bons conseils plus facilement acceptés dans le cœur à cœur d'un entretien avec les autorités, n'a pas encore été adopté d'une façon générale en Belgique; l'enfant dans la plupart des écoles est mis sur le champ en rapport avec ses condisciples de façon à permettre à sa nature de se manifester sans contrainte. Les deux systèmes ont leurs partisans. Mais il faut regretter que le rôle du médecin soit si peu actif en ce qui concerne les investigations d'ordre psychique.

Une fois son classement intellectuel et moral établi, l'élève prend part à la vie active de l'école dans les classes et les ateliers. Le programme scolaire se rapproche sensiblement comme étendue du programme des écoles primaires mais avec une orientation marquée vers l'enseignement professionnel. Les instituteurs s'attachent surtout à mettre en œuvre toutes les ressources éducatives et moralisatrices des branches d'enseignement: la lecture individuelle et collective, le style, les dictées, les causeries, l'histoire, les sciences, la culture esthétique par la langue maternelle, le dessin, la chanson, les problèmes touchant les questions d'épargne, de retraite et de mutualité etc. etc.

Des ateliers possédant un outillage perfectionné et dirigés par des contre-maîtres capables, groupent les élèves d'après leurs aptitudes. Diverses autres considérations président aussi à la détermination individuelle du métier, entr'autres: la santé de l'enfant, ses propres tendances, le métier du père et, en général, les industries de la région d'origine car nos écoles préparent systématiquement le retour à la terre natale: c'est là un détail dont l'importance n'échappe à personne.

Les ateliers s'appliquent à toutes les industries du fer, du bois, de la chaussure, du vêtement, de l'imprimerie, de la reliure, etc. Une ferme est annexée à l'téablissement et prépare aux professions agricoles. Des cours de technologie industrielle et agricole complètent la formation professionnelle de nos jeunes gens.

C'est ainsi que l'enfant acquiert avec des habitudes d'ordre et de travail, une instruction relativement étendue et la connaissance théorique et pratique d'un bon métier et ce sont là les armes essentielles d'un futur reclassement.

Mais l'activité de nos écoles ne se confine pas dans le travail de rénovation intellectuelle, elle se complète par une thérapeutique des facultés morales.

A leur sortie de la classe d'observation, les élèves sont classés en plusieurs quartiers occupant chacun un préau, un réfectoire et un dortoir distincts. Cette classification obéit aux principes suivants:

1. L'être moral se développe suivant une progression uniforme, avec l'âge et chaque âge exige une thérapeutique éducative spéciale. L'âge est donc l'une des premières indications.

2. Les dehors physiques démentent parfois les présomptions que donne l'âge et permettent de constater ou une avance ou un retard ou une anomalie dans le développement général: c'est une deuxième indication.

3. Les antécédents familiaux et judiciaires des élèves — révélés par les dossiers — sont de précieuses indications au point de vue du classement en catégories

et expliquent les tendances et dispositions qui s'avèrent dans la comptabilité morale individuelle. On tient compte ici des similitudes d'antécédents et de mentalités, parfois en dépit des similitudes d'âge et de dispositions physiques.

4. Même dans les catégories établies, la sélection s'impose et s'opère. Instituteurs, surveillants des réfectoires, des préaux, des dortoirs, des ateliers, usent de l'initiative qu'on leur laisse d'opérer des sous-classements en disposant leur monde dans les formes les plus propices à la moralité et à la surveillance. C'est ainsi qu'on se rapproche du système pavillonnaire qui constituerait l'idéal.

5. La classification opérée ne reste pas immuable, les enfants prennent de l'âge; des circonstances heureuses ou malheureuses peuvent modifier leurs dispositions physiques ou morales et entraîner, én temps opportun, le passage d'une section dans une autre.

Chacun de nos agents — directeur, aumônier, instituteurs, contre-maîtres et surveillants — s'astreint journellement à tenir une comptabilité à la fois positive et négative pour chaque élève. Naguère les appréciations se formulaient en chiffres et la physionomie morale d'un élève s'établissait par le résultat d'une opération arithmétique. Aujourd'hui on exige généralement les notations écrites des faits, de leurs causes et des sanctions proposées. On estime que ce système est plus rationnel et plus fructueux:

a) Il forme le personnel en l'habituant à des explorations morales raisonnées.

b) Il tient compte des faits positifs et des faits négatifs à charge de l'élève.

c) Tout ne se met pas en chiffres et en équation; c'est le cas notamment des facteurs moraux. Le chiffre est brutal ; il n'a pas de nuances. Deux élèves peuvent atteindre la même côte et être absolument différents de tendances, de mentalités et des caractères.

d) Au point de vue des infractions mêmes, il y a une hiérarchie dans les faits résultant de la mentalité de l'être et des circonstances.

Le système chiffré a donc paru vague par sa précision même, et pour tout dire injuste et antiéducatif.

Cette observation à laquelle sont soumis les élèves n'est nullement tracassière ; elle s'exerce aux moments où l'élève, se sentant libéré de la contrainte disciplinaire, extériorise spontanément le monde de ses pensées, de ses désirs, de ses tendances.

Pendant les récréations et les jeux, le personnel observe discrètement les préférences, les attitudes, les gestes, entend les réflexions, les conversations et note les compagnonages préférés.

En promenade, l'instituteur s'attache à saisir la façon dont les élèves perçoivent la nature et quelles sont les exclamations par lesquelles ils saluent les incidents de la route.

A l'occasion d'une punition ou d'une récompense, il interprète les manifestations spontanées de ces natures ardentes et émotives.

Les correspondances livrent aussi, d'une façon moins catégorique cependant, la mentalité momentanée de l'élève ; il manifeste parfois ses dispositions actuelles à l'égard de ses maîtres, de ses condisciples, de l'école et de ses parents.

Enfin l'exploration se continue dans les entretiens particuliers qui rendent la discipline cordiale et respectueuse, qui établissent ce sentiment de confiance et d'abandon sans lequel rien n'est possible.

Pris en groupe, les élèves restent fermés et indomptables; le respect humain les asservit. Mais pris d'âme à âme, ils expriment librement des sentiments qu'ils eussent tenus cachés en présence de leurs condisciples. C'est par une méthode faite d'affection, de bienveillance, de dévouement et de pitié qu'il faut tenter le rachat de ces âmes. En général, ces enfants sont des malchanceux en qui vivent parfois très ardents, des sentiments qui les ébranlent aux heures propices quand ils sentent auprès d'eux de véritables manieurs d'âmes.

On conçoit néanmoins qu'avec une population aux instincts pervertis souvent, l'échelle des punitions aille jusqu'aux extrêmes limites de la sévérité: le cachot. Toutefois ces peines sont des mesures d'exception. Aussi bien, les sanctions disciplinaires ont subi une évolution radicale qui se caractérise par la prédominance donnée aux sanctions positives: les récompenses décernées aux bons ont une bien autre éloquence que les châtiments infligés aux mauvais. Chez les natures dévoyées, le châtiment grandit parfois celui qu'il atteint; c'est une célébrité à rebours mais célébrité quand même.

Nos Directeurs ont marché d'un pas décidé vers l'orientation nouvelle dont on ne saisit complètement l'audace que si l'on connait parfaitement la mentalité des élèves de nos écoles. Dorénavant, les élèves qui réunissent certaines conditions de bonne conduite, sont admis à faire de longues promenades libres, c'est-à-dire sans être sous la férule des surveillants qui incarnent à leurs yeux le régime répressif dans toute son horreur. Un instituteur les accompagne. Chaque élève a la libre disposition d'une petite somme d'argent et subvient personnellement à ses frais de route. Ces pauvres enfants se sont sentis grandis par cette confiance inattendue — et, chose émouvante, aucun n'a voulu y faillir. A leur rentrée à l'école, ils traduisent à leurs condisciples leur joie et leur enthousiasme et déterminent ainsi une vague de saine émulation qui aplanit les voies d'une discipline cordiale et foncièrement éducative.

Au nombre des moyens éducatifs de nature positive, il faut compter les groupements à tendances sociales : société de tempérance, société de chant choral et de musique instrumentale, société de mutualité et de retraite, etc. Chaque élève est possesseur d'un livret de caisse d'épargne et de retraite.

Afin d'inculquer à l'enfant le sens profond de l'épargne on ne se contente pas de décréter l'affiliation obligatoire et d'éclairer son intelligence par la leçon des exemples et des faits. Cette méthode considérée au point de vue exclusif, manque de bases psychologiques. Le livret de caisse d'épargne représente une échéance lointaine qui n'a aucune éloquence aux yeux de l'enfant. En vue de développer en lui le légitime instinct de propriété, on laisse à l'enfant la libre disposition d'une partie de l'argent gagné par lui au prix de sacrifices et de peines. Par là, l'enfant augmente sa force d'énergie et de volonté, il connaît le prix et le chemin du sacrifice, les déterminants proches président admirablement au jeu de sa personnalité morale et de ce fait, l'épargne, ne reste pas, un procédé mécanique extérieur et obligatoire mais un agent actif d'amélioration morale.

Au reste, veut-on pénétrer l'esprit qui règne, en général, dans nos écoles de bienfaisance ? Qu'on me permette de citer une page où la sœur Directrice de l'Ecole de Bienfaisance de Namur expose les moyens qu'elle met en œuvre pour développer les facultés et les vertus morales de ses élèves.

« Pour développer la *volonté* chez nos jeunes filles, nous leur donnons d'abord des principes clairs et fermes, des convictions profondes qui les aident, plus tard surtout, à mener une vie régulière et nous leur faisons comprendre que leur sort est dans la *main de leur volonté.*

Nous exigeons la *discipline* ou plutôt nous la faisons *accepter* en inclinant doucement les volontés vers ce qui est bien, vers ce qui est raisonnable car tout n'est pas tellement réglé qu'il ne soit rien laissé à l'initiative des élèves, sans cela, le *libre arbitre* ne trouverait pas son compte.

A la vigueur de la discipline, s'ajoute la *vertu fortifiante du travail,* où la jeune fille acquiert une somme considérable d'énergie morale en apprenant à vaincre les difficultés, à combattre la molesse.

Nous faisons comprendre la nécessité de ne pas agir à la légère, sans réfléchir auparavant à la nature et aux conséquences de l'acte, ainsi qu'aux moyens à employer pour réussir.

Est-il nécessaire d'ajouter que nos élèves ont besoin d'être exercées à la *lutte contre les passions,* contre les explosions d'orgueil, de colère, de sensualité? Nous les amenons à se maîtriser peu à peu, à se surveiller; nous leur montrons également de quel œil elles doivent envisager la souffrance, *comment on doit souffrir...*

Mais dans toutes ces luttes que doivent entreprendre ces jeunes filles, qu'elles doivent soutenir sans relâche à un âge où le sang bouillonne, où la tête est en feu: lutte contre la répugnance à la discipline et au travail, lutte contre le penchant à la molesse et contre les passions, lutte contre l'adversité — les institutrices et les surveillantes trouvent dans le sentiment religieux, un appui, un stimulant, un frein efficace.

Comme moyen dérivant, elles s'ingénient à faire goûter à ces pauvres enfants la joie du devoir accompli, surtout lorsqu'il a demandé quelque lutte; elles s'efforcent enfin de les amener à faire le bien parce que c'est le bien.

Dans le domaine de la *sensibilité* nous traitons les élèves avec bonté, prudence et délicatesse, respectant leur infortune et profitant de tout pour émouvoir leur conscience morale. On s'efforce de faire de l'établissement, une maison de bonheur et de joie. Qu'on ne s'étonne pas de voir cultiver spécialement la joie, l'expérience nous a prouvé combien elle est utile à une jeunesse qu'il faut relever et ennoblir.

Si le sentiment religieux est le moyen le plus sûr d'affermir le caractère, c'est le plus sûr aussi de l'élever. La prière, les sacrements aident puissamment dans le travail de la formation morale. L'absence de prière amène l'anémie morale. Comme le vrai bonheur des familles et des individus repose sur la pratique de la religion, nous tâchons d'imprimer dans le cœur de nos élèves les principes de la Foi, les convictions religieuses; par là, nous visons non seulement leur bonheur présent, mais surtout leur bonheur éternel.

D'autre part, nous essayons de donner à nos jeunes filles le sens de la *droiture*. Nous leur faisons comprendre la nécessité de chercher le vrai, le juste, l'honnête, le bon sens, le bien et, cela, par des moyens légitimes, simplement, sans déguisement, sans détour. Nous faisons la guerre aux lâchetés, aux mensonges de langage, de manière, de procédés. Par la bonté, nous amenons les élèves à faire l'aveu de leurs duplicités et à se rétracter. Nous veillons cependant à ne jamais leur poser de question indiscrètes et nous cherchons à leur donner constamment nous-mêmes l'exemple de la droiture.

Nous exerçons nos élèves à l'*esprit de sacrifice*. Non qu'il s'agisse de pratiques extraordinaires et supérieures à leurs force. L'essentiel, en pratique, c'est qu'elles acceptent librement la discipline extérieure: celle-ci, en effet, impose déjà un ensemble de sacrifices qui sont la discipline même et l'éducation de la volonté!

Tel est, dans ses grandes lignes, le régime d'emprise intellectuelle et morale instaurée dans nos écoles de Bienfaisance.

Ceux qui y entrent ne doivent point abandonner toute espérance, le souffle de pitié et de mansuétude qui a rendu plus attentives et plus pressantes les sollicitudes de la pensée moderne tournée vers l'enfance malheureuse, a passé par là pour réaliser par une méthode cordiale, ouverte aux évolutions nécessaires, le rachat des âmes.

11

Enseignement agricole

L'organisation et la situation actuelle de l'Enseignement agricole en Belgique.

RAPPORT DE M. J. VANDER VAEREN,

INSPECTEUR AU MINISTÈRE DE L'AGRICULTURE,
PROFESSEUR A L'INSTITUT ARORICOLE DE L'UNIVERSITÉ DE LOUVAIN.

I

Historique de l'Enseignement Agricole en Belgique

Les débuts de l'enseignement agricole en Belgique remontent aux premières années de notre indépendance. Dès 1832 une école d'agriculture fut annexée au Collège d'Antoing, transféré à Leuze en 1834.

En 1836, l'Etat adopta et réorganisa l'école de médecine vétérinaire de Bruxelles, fondée en 1832.

En 1849, huit écoles d'agriculture ou fermes-écoles et une école d'horticulture, organisées avec le concours de conseils communaux et de particuliers, recevaient les subsides de l'Etat. La plupart disparurent après peu d'années; quelques-unes cependant survécurent, entre autres celle de Thourout qui se maintint jusqu'en 1859, et celle de Leuze, qui existe encore aujourd'hui.

Une loi organique de l'enseignement agricole, votée le 18 juillet 1860, créa l'Institut agricole de l'Etat à Gembloux.

Jusqu'en 1884, en dehors de l'Institut de Gembloux et de quelques rares écoles, telles que celles de Vilvorde et Gand (horticulture) appartenant à l'Etat, les écoles libres d'agriculture de Leuze, d'Avelghem (créée en 1881) et l'école supérieure d'agriculture de l'Université catholique de Louvain (établie en 1878), l'enseignement agricole n'existait pas en Belgique et la vulgarisation de la science agronomique se faisait à peu près uniquement par des conférences d'hiver aux agriculteurs. Encore ces conférences étaient-elles en nombre relativement restreint (1).

En 1884, le Gouvernement catholique prit le pouvoir et l'un de ses premiers actes fut la création d'un Ministère de l'Agriculture autonome.

Le corps des agronomes de l'Etat et les champs d'expériences furent institués dès 1885 ; les conférences aux agriculteurs furent multipliées ; plusieurs écoles nouvelles d'agriculture furent organisées, notamment celles de La Louvière en 1885, de Carlsbourg, de Grammont et de Virton en 1886, de Sottegem en 1888, de Hasselt en 1889, de Waremme et de Thielt en 1890.

Le 4 avril 1890, une nouvelle loi sur l'enseignement agricole fut promulguée. Elle prévoyait entr'autre l'allocation de subsides aux écoles et cours d'agriculture fréquentés par 15 élèves au minimum, acceptant les

---

(1) En 1882, 1883, 1884, il a été organisé respectivement 1116, 1138 et 1383 conférences agricoles diverses (agronomie, arboriculture, culture maraîchère, maréchalerie, zootechnie).

En 1908-1909, 1909-1910, 1910-1911, le nombre des conférences purement agricoles s'élevait à 6816, 7106, 7382. Mais, pour que ces deux catégories de données soient comparables il faut ajouter à ces derniers chiffres respectivement 2329, 2810, 3140 conférences d'horticulture (arboriculture, culture maraîchère, floriculture). On obtient ainsi un total de 9145, 9916, 10.522 conférences pour les trois dernières années.

programmes officiels et donnant satisfaction à l'inspection de l'Etat (1).

Cette loi peut être considérée comme la charte fondamentale de l'enseignement agricole moyen et inférieur en Belgique. Elle permit aux promoteurs de cet enseignement de couvrir le pays de ce vaste réseau de cours et d'écoles de tous genres qui fonctionnent actuellement.

Le département de l'Agriculture ne possède pas en Belgique le monopole de l'organisation de l'enseignement agricole. En dehors de l'initiative privée qui a établi l'Institut agronomique de Louvain, le département des Sciences et des Arts et les provinces ont créé ou subsidié des écoles ou cours d'agriculture. Nous en parlerons dans des chapitres séparés (III et IV).

II

La situation actuelle de l'enseignement agricole en Belgique

Les divers degrés de cet enseignement sont représentés par les établissements suivants :

Écoles pour garçons

DEGRÉ SUPÉRIEUR.

Institut agricole de l'Etat à Gembloux; Institut agronomique de l'Université de Louvain.

---

(1) Ce sont là les conditions formelles et rigoureusement observées auxquelles est soumis l'octroi des subsides à tous les cours et écoles d'agriculture subsidiés, dont il sera question plus loin. Nous ne les répéterons pas à propos de chacun des genres d'institutions que nous décrirons.

DEGRÉ MOYEN SUPÉRIEUR.

Ecoles libres de Carlsbourg, de La Louvière et de Leuze. — Ecole pratique d'agriculture de l'Etat à Huy.

DEGRÉ MOYEN INFÉRIEUR.

Vingt-six sections agricoles.

DEGRÉ PRIMAIRE SUPÉRIEUR.

Se rattachent à ce degré:

1° Vingt-huit sections professionnelles primaires.

2° Les sections professionnelles agricoles ambulantes.

3° Les écoles, sections et cours de mécanique agricole.

4° Les cours d'agronomie organisés dans les athénées, écoles moyennes de l'Etat et dans les collèges ou écoles moyennes libres.

DEGRÉ PRIMAIRE INFÉRIEUR OU ENSEIGNEMENT AUX ADULTES.

Les conférences diverses données aux agriculteurs adultes et aux militaires durant la saison d'hiver.

Écoles pour jeunes filles

DEGRÉ SUPÉRIEUR.

Ecoles normales agricoles établies à Héverlé et à Wavre-Notre-Dame.

DEGRÉ MOYEN.

Vingt écoles et sections ménagères agricoles permanentes.

DEGRÉ INFÉRIEUR.

1° Ecoles ménagères agricoles ambulantes (20 à 25 sessions par an environ).

2⁰ Dix sections professionnelles primaires pour jeunes filles.

3⁰ Conférences pour fermières.

Nous examinerons successivement l'organisation de ces divers genres d'institutions.

Enseignement agricole pour garçons

ENSEIGNEMENT AGRICOLE SUPÉRIEUR.

L'Institut agricole de l'Etat à Gembloux et l'Institut agronomique de l'Université de Louvain forment les chefs des grandes entreprises agricoles, les directeurs d'industries agricoles, les propriétaires fonciers, les professeurs d'agriculture, les agronomes de l'Etat, les fonctionnaires supérieurs de l'administration des Eaux et Forêts, etc.

A Gembloux et à Louvain la durée des études est de trois ans pour le grade d'ingénieur agricole. En outre, une quatrième année facultative de spécialisation comprend les trois sections: 1⁰ Agronomie et enseignement; 2⁰ Chimie et industries agricoles; 3⁰ Sylviculture.

Le programme des cours comprend toutes les sciences naturelles et les sciences appliquées professées dans les instituts d'enseignement supérieur agricole.

Outre ces sections préparant au grade d'ingénieur, l'Institut de Louvain a ouvert depuis 1908 un cycle de cours d'une durée de deux ans conduisant au diplôme de « licencié en sciences agronomiques ».

La licence est avant tout destinée aux futurs chefs d'exploitations agricoles qui désirent obtenir dans le temps minimum les connaissances scientifiques indispensables.

L'Institut de Gembloux a été fréquenté en 1908-09,

1909-10 et 1910-11, par 163, 168, 144 élèves dont plus de la moitié d'origine étrangère.

L'Institut de Louvain, ouvert en 1878 avec une quinzaine d'élèves, a compté en 1908-09, 1909-10, 1910-11 : 160, 178, 200, étudiants inscrits.

L'enseignement donné par les deux écoles supérieures d'agriculture de Belgique est sensiblement équivalent. Leurs diplômes d'ingénieur agricole jouissent de la même considération et des mêmes privilèges.

ENSEIGNEMENT AGRICOLE MOYEN SUPÉRIEUR.

Cet enseignement est représenté en Belgique par les écoles libres de Carlsbourg, La Louvière, Leuze et par l'école pratique d'agriculture de l'Etat à Huy. Cette dernière est régie par des dispositions spéciales. Son fonctionnement est à la charge de l'Etat.

Cet enseignement a pour but de former des chefs d'exploitations agricoles moyennes, des directeurs de petites industries agricoles, des régisseurs-chefs de cultures, etc.

La durée des études est de trois ans, sauf à Huy où elle est de deux ans.

Les élèves y sont admis après les études primaires supérieures ou les études moyennes inférieures.

Les instructions officielles prévoient pour les écoles de ce degré des subsides variant de 3500 à 5000 frs, suivant la valeur du personnel enseignant, le programme des études, le nombre des élèves, l'importance du matériel didactique, les expériences exécutées, etc.

Le nombre d'heures affectées aux études agricoles (dont le programme minimum est fixé par arrêté ministériel) ne peut être inférieur à 40 heures par semaine : 6 heures de théorie et 6 heures d'exercices pratiques dans les deux premières années et 8 heures de théorie et 8 heures d'exercices pratiques, en troisième année.

Le programme comprend les cours essentiels obligatoires et les cours facultatifs suivants: *Cours essentiels:* Physique, chimie, botanique, zoologie, agronomie, chimie agricole, cultures spéciales, zootechnie, comptabilité. *Cours facultatifs:* Chimie analytique, arboriculture et culture maraîchère, sylviculture, aviculture, entomologie, apiculture, mécanique agricole, constructions rurales, technologie.

Les trois écoles libres mentionnées plus haut ont porté à leur programme, outre les cours obligatoires, la plupart des cours facultatifs et le temps libre de la semaine (qui comporte 28 à 30 heures de leçon pour chaque année), est occupé par les branches d'enseignement général (1).

Le corps professoral comprend entre autres: à Carlsbourg, 3 ingénieurs agricoles; à La Louvière, 2 ingénieurs agricoles, un ingénieur civil, un médecin-vétérinaire; à Leuze, 2 ingénieurs agricoles.

La fréquentation de ces écoles est généralement très bonne, comme le montre les chiffres suivants:

Nombre d'élèves :

ÉCOLES	1908-09	1909-10	1910-11
Carlsbourg	59	54	52
La Louvière	25	28	29
Leuze	95	96	97
Huy	25	21	29
Total.	204	199	207

(1) Pour l'école de Huy le programme, arrêté par le Ministre, comprend également les cours essentiels et la plupart des cours facultatifs ci-dessus indiqués.

ENSEIGNEMENT AGRICOLE MOYEN INFÉRIEUR.

Les 26 sections agricoles du degré moyen inférieur sont annexées à des institutions libres d'enseignement général et comportent ordinairement trois années d'études suivies par des élèves de 14 à 17 ans.

Le programme minimum imposé par le département de l'agriculture, comprend les branches suivantes :

Physique, chimie, botanique, zoologie, agronomie, chimie agricole, zootechnie, comptabilité.

En outre, la plupart des sections ont ajouté à ce programme l'un ou l'autre des cours facultatifs cités plus haut.

Le minimum de temps à affecter par moitié à l'enseignement agricole théorique et pratique est de 24 heures par semaine : 4 heures en 1re année, 10 heures en 2e année et 10 heures en 3e année.

Les subsides alloués varient de 1500 à 3500 francs suivant le programme général adopté, la composition du corps professoral, le temps affecté aux cours agricoles, le matériel intuitif utilisé, les expériences organisées, etc.

Dans toutes les sections, à peu d'exceptions près, l'enseignement technique agricole est confié à un ou deux ingénieurs agricoles.

Les circulaires ministérielles prescrivent (et l'inspection tient la main à l'observation de ces instructions), que l'enseignement soit avant tout expérimental et intuitif. Aussi le matériel didactique des sections, comme celui des écoles d'ailleurs, doit-il être complet, afin que les leçons de choses puissent être la règle générale.

Voici la population totale des sections agricoles depuis 1900, déduction faite des chiffres relatifs à la section de Leuze qui a passé au rang d'école depuis 1908-1909 :

1899-1900	275 élèves		1905-1906	581 élèves	
1900-1901	304	»	1906-1907	589	»
1901-1902	441	»	1907-1908	692	»
1902-1903	457	»	1908-1909	682	»
1903-1904	571	»	1909-1910	686	»
1904-1905	555	»	1910-1911	822	»

DEGRÉ PRIMAIRE SUPÉRIEUR.

1° *Sections professionnelles agricoles primaires*

Ces sections ont débuté à titre d'essai en 1901-02. On en compte actuellement vingt-huit (1).

Elles fonctionnent durant la période hivernale, temps de repos pour le travailleur des champs.

Le programme des sections professionnelles agricoles primaires comprend l'agriculture générale, la chimie agricole, les cultures spéciales ; des notions d'anatomie et de physiologie animales, l'alimentation et l'exploitation des animaux (bétail, cheval, porc, volaille) ; les associations et la comptabilité agricoles.

Ce programme est susceptible de s'adapter à toutes les exigences régionales et la plupart des sections l'ont modifié suivant les besoins des auditeurs.

Les prescriptions ministérielles exigent qu'il soit donné un minimum de 120 heures de leçons et d'exercices pratiques, et elles prévoient l'allocation de subsides variant de 350 à 750 francs par an.

La valeur de l'enseignement est appréciée par l'in-

---

(1) *Localités sièges des sections :* Ath, Aywaille, Bassevelde, Beauvechain, Bergilers, Bury, Bierbeek, Braine-le-Comte, Brugelette, Celles, Dilbeek, Enghien, Herstal, Langemark, Londerzeel, Moll, Olmen, Overyssche, Proven, Reckem, Ruysselede. St-Georges-sur-Meuse, St-Gilles-Waes, Theelen, Thumaide, Verlaine, Ways, Westerloo.

spection confiée à l'agronome de l'Etat régional et aux inspecteurs de l'agriculture.

Un examen clôture la session hivernale. Il est délivré aux élèves qui satisfont à l'épreuve un certificat constatant le succès obtenu.

Ces sections agricoles constituent, à notre avis, une des meilleures formes de l'enseignement agricole aux adultes. On ne peut que souhaiter de voir leur nombre s'accroître de plus en plus.

Le chiffre de fréquentation de ces sections, qui était en 1902-1903, de 182 élèves (pour 7 sections), s'est élevé, au cours de l'hiver 1911-1912, à 1062 (pour 28 sections).

2° *Sections professionnelles ambulantes*

Elles constituent une variété très intéressante des sections précédentes. Elles se déplacent d'année en année, se fixant successivement là où elles trouvent des locaux convenables et un auditoire suffisant (15 élèves au minimum).

Leur fonctionnement est calqué sur celui des sections fixes : les cours se donnent, durant les 3 mois d'hiver, à raison de 3 ou 4 séances de 3 à 4 heures par semaine.

Le programme est arrêté par le Ministre, sur la proposition de l'agronome de l'Etat-directeur, qui tient compte des besoins de l'agriculture locale.

Ces écoles ambulantes ont été suivies jusqu'ici, en moyenne, par 25 à 40 jeunes gens de 17 à 35 ans, dont de plus de la moitié se sont présentés à l'épreuve de fin des cours.

3° *Écoles, sections et cours de mécanique agricole*

Il existe actuellement trois écoles : à Mons, à Leuze et à Namur, et deux sections : à Avelghem et Fleurus ;

en outre, dans les provinces de Brabant et de Liège. les agronomes de l'Etat ont installé des sections ambulantes. Enfin, des cours de mécanique agricole en 10-15 leçons sont organisés dans les provinces de Namur, de Limbourg et de Luxembourg.

Cet enseignement de la mécanique agricole se donne exclusivement pendant l'hiver.

L'enseignement est à la fois théorique et pratique.

La théorie comprend les notions d'agronomie, de sciences naturelles et de législation appliquées à la mécanique agricole; la description des machines agricoles, des moteurs à vapeur, à explosion, électriques, etc.

Les exercices pratiques sont constitués notamment par le dessin, le montage, le démontage, le réglage des instruments agricoles, la conduite des moteurs et le travail du fer et du bois en vue des petites réparations à faire.

L'*Ecole de Mécanique agricole de Mons*, organisée en 1902 avec le concours de l'Etat, fut adoptée en 1907 par la province du Hainaut. Son personnel comprend trois ingénieurs agricoles, dont le directeur, un contre-maître et un mécanicien.

Les cours se donnent durant les mois de décembre. janvier et février, les mardis, jeudis et samedis, de 9 à 12 1/4 heures (théorie), et de 13 1/4 à 16 1/4 h. (pratique).

A la fin de chaque session de trois mois a lieu, devant les professeurs (1), un examen qui confère à ceux qui le réussissent le certificat de mécanicien conducteur de machines agricoles.

Durant les années 1908-1909, 1909-1910, 1910-1911,

_____

(1) Depuis 1912, un délégué du Département de l'Agriculture assiste aux examens.

1911-1912 et 1912-1913, les cours ont été suivis respectivement par 42, 33, 45, 50 et 40 élèves.

L'*Ecole de Leuze* a été annexée en 1907 à l'école d'agriculture de la localité.

Le personnel enseignant comprend trois ingénieurs agricoles, deux professeurs de l'enseignement moyen agricole, et trois contre-maîtres pour le montage, le démontage et le réglage des machines agricoles, le travail du fer et du bois.

Les cours se donnent trois après-midis (de 13 1/2 h. à 18 h.) par semaine, mais ils se poursuivent durant deux hivers consécutifs, à raison de trois mois par hiver (décembre à mars).

Les élèves qui terminent leur second hiver subissent un examen devant un jury, présidé par le délégué du département de l'agriculture et constitué par les professeurs, des ingénieurs-directeurs d'usines et des fermiers diplômés de l'école de mécanique agricole.

Durant les années 1908-1909, 1909-1910, 1910-1911, 1911-1912 et 1912-1913, les cours ont été fréquentés respectivement par 77, 78, 65, 81 et 75 élèves.

L'*Ecole de Namur* est organisée et dirigée par l'agronome de l'Etat circonscriptionnaire. Elle est à la charge du Ministère de l'Agriculture, mais elle reçoit de la province un subside de 350 frs environ. Fondée en 1911-1912, elle a été fréquentée d'emblée par vingt-cinq élèves.

Les cours se donnent en hiver (3 1/2 à 4 mois) à raison de quatre après-midis par semaine.

Le corps professoral comprend un ingénieur civil, professeur de mécanique agricole à l'Institut de Gembloux, deux ingénieurs agricoles et deux contre-maîtres.

Les sections de mécanique agricole. — Les sections permanentes établies actuellement à Fleurus et à Avelghem ont adopté l'organisation générale de l'école de Leuze.

Leur programme, un peu plus réduit, s'en tient spécialement à ce qui est relatif aux machines agricoles, machines à vapeur, moteurs à explosion, etc.; une part moins large est faite au travail du fer et du bois.

Sections ambulantes de mécanique agricole. — Installées depuis un an par les agronomes de l'Etat des provinces de Brabant et de Liège, ces sections ont fonctionné entièrement à charge de l'Etat, sauf les subsides accordés par les provinces et certains comices, à Tirlemont, Jodoigne, Huy (2 sessions) et Waremme, durant deux ou trois mois; elles furent suivies par 16 à 25 élèves.

Des cours de mécanique agricole, en 10 à 15 leçons, ont été organisés par l'Etat, à l'initiative de ses agronomes dans les provinces de Limbourg, Namur et Luxembourg et par quelques sections professionnelles d'agriculture (Enghien, Thuin). Ils sont consacrés uniquement à l'étude du fonctionnement, du montage, démontage, réglage des machines agricoles employées ou susceptibles d'être employées dans la région.

4° Cours d'agronomie
organisés dans les établissements officiels et libres

Ces cours sont organisés aux frais communs des départements des Sciences et des Arts et de l'Agriculture dans 50 athénées et écoles moyennes de l'Etat et aux frais exclusifs du département de l'Agriculture dans 50 établissements libres.

Ils comportent une ou deux heures de leçon par semaine, données par un ingénieur agricole ou un professeur d'école moyenne. Le programme comprend

l'étude de la plante, de l'animal et des associations
agricoles.

Voici quelle a été la fréquentation durant le dernier
triennat :

	1908-1909	1909-1910	1910-1911
Cours des établissem. de l'État	1206	1116	1205
Cours des établissem. libres	1254	1462	1657
	2460	2578	2862

DEGRÉ PRIMAIRE INFÉRIEUR OU ENSEIGNEMENT AUX ADULTES.

Conférences agricoles aux adultes. — Elles se donnent depuis un grand nombre d'années dans les villages belges par des agronomes de l'Etat, des ingénieurs
agricoles, des professeurs d'agriculture, des instituteurs
diplômés pour l'enseignement agricole. Elles traitent
des divers sujets qui intéressent les agriculteurs: les
engrais, l'alimentation des animaux domestiques, l'hygiène, la laiterie, les associations, le droit rural, la
lutte contre les ennemis des plantes et des animaux,
l'apiculture, l'aviculture, la maréchalerie, etc.

Des cours d'agronomie aux militaires sont régulièrement organisés chaque hiver, de décembre à mars,
dans les casernes où 20 inscriptions au moins sont
recueillies.

Enfin, depuis quelques années les associations et
fédérations agricoles libres instituent des conférences
avec l'aide financière et l'inspection de l'Etat.

Voici quelques chiffres au sujet de ces diverses conférences durant les années 1908-1909, 1909-1910, 1910-
1911.

CONFÉRENCES AUX ADULTES.

Conférences des agronomes de l'État

	1908-1909	1919-0910	1910-1911
Nombre de conférences	1154	1157	1119
Auditeurs par conférence (1)	50	50	50
Nombre total de présences	57 700	57 800	55 900

Cours d'agronomie d'hiver

	1908-1909	1909-1910	1910-1911
Nombre de conférences	3170	3440	3670
Auditeurs par conférence	49	53	55
Nombre total de présences	155 330	182 320	201 850

Cours d'agronomie aux militaires

	1908-1909	1909-1910	1910-1911
Nombre de conférences	550	528	572
Auditeurs par conférence	27	23	26
Nombre total de présences	14 850	12 144	14 8:2

Conférences d'apiculture

	1908-1909	1909-1910	1910-1914
Nombre de conférences	388	330	366
Auditeurs par conférence	26	26	:6
Nombre total de présences	10 088	8580	10 248

Conférences d'aviculture (2)

	1908-1909	1909-1910	1910-1911
Nombre de conférences	355	336	437
Auditeurs par conférences	46	44	53
Nombre total de présences	16 330	14 784	23 164

(1) Chiffres approximatifs.
(2) Ces conférences ont été suivies par un grand nombre de fermières

Conférences de maréchalerie

	1908-1909	1909-1010	1910-1911
Nombre de conférences	252	240	252
Auditeurs par conférence	31	29	28
Nombre total de présences	7812	6960	7056

Conférences spéciales (1)

	1908-1909	1909-1910	1910-1911
Nombre de conférences	655	752	614
Auditeurs par conférence (2)	50	50	60
Nombre total de présences	32 750	37 600	36 840

Ce tableau montre suffisamment le développement sérieux pris en Belgique par l'enseignement agricole aux adultes.

Bibliothèques agricoles publiques. — Elles sont établies auprès des associations agricoles officielles et libres, des écoles d'agriculture, etc., par le Département de l'Agriculture qui fournit gratuitement les livres.

Il existe actuellement 116 bibliothèques rurales.

Services de renseignements gratuits pour agriculteurs. — Il existe, à l'Institut de l'Etat à Gembloux, un service entomologique, un service phytopathologique et une station laitière, dirigés par les professeurs de l'Institut, où les agriculteurs peuvent adresser leurs demandes de renseignements; la réponse leur est fournie sans frais.

De 1908 à 1911, les services entomologique, phytopathologique et la station laitière ont répondu respectivement à 1108, 921 et 472 demandes.

---

(1) Conférences données à l'intervention des fédérations agricoles libres.
2) Chiffres approximatifs

Dans le même ordre d'idées, les agronomes de l'Etat sont les conseillers techniques habituels des agriculteurs de leur région qui peuvent s'adresser à eux pour recevoir gratuitement tous les renseignements agricoles dont ils auraient besoin.

Les renseignements *verbaux* sont fournis aux séances que tiennent hebdomadairement tous les agronomes de l'Etat aux foires et marchés principaux de leur région. En outre, les fermiers peuvent s'adresser par écrit et en franchise postale, à l'agronome régional. Le nombre de consultations écrites s'est élevé en 1909, 1910 et 1911 à 2206, 2391, 2452.

Enseignement agricole pour jeunes filles

DEGRÉ SUPÉRIEUR.

Le degré supérieur de l'enseignement ménager agricole est représenté en Belgique, depuis un an, par l'institution, avec le concours de l'Etat, d'une 5ᵉ année de spécialisation agricole auprès des écoles normales d'institutrices agréées de Wavre-Notre-Dame et d'Héverlé.

Ces écoles normales agricoles sont appelées à former les futures maîtresses des écoles primaires rurales, chargées de donner l'enseignement ménager agricole à l'école primaire; mais elles prépareront également les professeurs des écoles ménagères agricoles professionnelles.

Leur programme comprend l'enseignement de toutes les branches ressortissant au domaine de la femme à la campagne.

DEGRÉ MOYEN.

Au degré moyen, la Belgique compte 19 écoles et sections ménagères agricoles permanentes.

1° *Ecoles ménagères agricoles* (1). — Elles sont au nombre de 14, disséminées dans les diverses provinces du pays. Elles forment le degré moyen supérieur de ce genre d'enseignement.

La durée des études est généralement de deux ans; le régime habituel est l'internat.

Leur programme comporte les notions de sciences naturelles et d'agronomie, la culture maraîchère, la floriculture, les éléments de zootechnie, la laiterie et la fromagerie, l'économie domestique (cuisine, couture, etc.), la pédagogie maternelle, l'hygiène, le commerce, la comptabilité et le droit usuel.

Le personnel enseignant est généralement composé d'institutrices primaires, pourvues du diplôme de l'enseignement ménager agricole.

Les instructions ministérielles prescrivent de consacrer hebdomadairement à cet enseignement au moins 10 heures de théorie et 20 heures d'exercices pratiques (laiterie, fromagerie, jardinage, économie domestique, etc.).

L'importance des subsides alloués varie de 1500 à 5000 frs par an.

Voici la population des écoles ménagères agricoles :

     1908-1909 : 14 écoles, 386 élèves.
     1909-1910 : 14 écoles, 387 élèves.
     1910-1911 : 14 écoles, 436 élèves.

2° *Sections ménagères agricoles* (1). — Elles constituent le degré moyen inférieur. Le programme comporte au minimum, durant un an, l'étude des principes de l'agriculture appliqués au jardin, de la laiterie et de la fromagerie, de l'économie domestique et de la

(1) *Localités sièges des écoles :* Brugelette, Celles, Cortemarck, Gooreind, Gysegem, Herve, Héverlé, Oosterloo, Overyssche, S'Gravenwezel, Virton.
(1) *Localités sièges des sections :* Champion, Jodoigne, Maulde, Tessenderloo, Waremme.

comptabilité. La théorie doit occuper au moins 4 heures par semaine, de même que les exercices pratiques.

Le montant des subsides s'élève de 750 frs à 1000 frs par an.

Population des sections ménagères agricoles:

1908-1909 : 4 sections, 66 élèves.
1909-1910 : 4 sections, 74 élèves.
1910-1911 : 5 sections, 99 élèves.

DEGRÉ INFÉRIEUR

1° *Écoles ménagères agricoles ambulantes*

L'école ménagère agricole ambulante s'installe successivement dans les communes où elle trouve des locaux convenables et une population scolaire suffisante (15 à 20 élèves). Elle s'adresse aux jeunes filles ayant terminé leurs études primaires et capables d'exécuter tous les travaux de l'école. Aucune rétribution scolaire n'est exigée.

La durée est de quatre mois.

Les cours se donnent tous les jours ouvrables sauf le samedi après-midi.

Le personnel enseignant comprend l'agronome de l'État directeur et deux maîtresses qui résident à l'école en permanence, y dirigent tous les travaux et sont chargées des leçons.

Le programme scolaire comporte l'étude de la laiterie, de la fromagerie, de l'économie domestique, de l'hygiène, de la puériculture, du jardinage, de l'aviculture et de l'alimentation de l'homme et des animaux de la ferme.

L'enseignement est théorique (2 heures par jour) et pratique (4 heures par jour).

Les sessions se clôturent toujours par un examen

portant sur l'ensemble des matières étudiées et des travaux effectués. Il est délivré un certificat aux élèves qui obtiennent au moins 50 p. c. du total des points.

Depuis leur institution en 1890 il a été organisé 404 cours de trois ou quatre mois, qui ont été suivis par 6000 élèves environ, dont 5255 ont obtenu leur certificat final.

En outre, de 1892 à 1899, il a été établi 35 cours d'une durée de 30 jours, qui ont été fréquentés par 550 élèves environ.

Durant les trois années 1908-1909, 1909-1910, 1910-1911, il a été créé 79 cours, fréquentés par 1400 élèves, dont 1221 ont été diplômées.

2º *Sections professionnelles agricoles primaires pour jeunes filles.* — Elles sont basées sur les prescriptions ministérielles qui exigent 60 heures de leçons théoriques et 60 heures d'exercices pratiques pour obtenir le subside variant de 350 à 750 francs.

Le programme est la réduction de celui des sections ménagères agricoles permanentes.

Les dix sections (Appelterre, Baelegem, Borsbeke, Ter Banck (Héverlé), Vezon, Ressegem, Rondu, Salm-château, Vorst, Zeelhem) sont suivies chacune par 18 à 28 élèves.

3º *Conférences pour fermières.* — Le Département de l'Agriculture a organisé depuis dix ans des conférences sur les divers sujets intéressant la fermière : alimentation du bétail, laiterie, aviculture, culture potagère, économie domestique, puériculture, hygiène, etc.

Ces conférences sont instituées par l'Etat à l'intervention des agronomes officiels ou par l'intermédiaire des cercles et fédérations de cercles de fermières (1).

Voici le nombre de conférences pour fermières,

____

(1) Ces dernières conférences sont inspectées par les agronomes de l'Etat.

organisées de 1909 à 1911 et le chiffre des pré-
sences (2) :

Années	de leçons	Nombre d'auditrices par leçon	total des présences
1908-1909	292	96	28,032
1909-1910	323	71	22,932
1910-1911	392	67	26,264

Ce coup d'œil d'ensemble sur l'extension prise en
Belgique par l'enseignement agricole à tous les degrés,
nous montre qu'aucun groupe d'agriculteurs n'a été
oublié; tous, hommes et femmes, adultes et jeunes
gens, ont à leur portée quelqu'institution qui répond
à leurs besoins.

Est-ce à dire que tout soit parfait et qu'il n'y ait
plus rien à faire? Nullement; les institutions existantes,
par le bien qu'elles réalisent, sont au contraire une
invitation pressante à les multiplier. Il reste encore
beaucoup à faire pour que l'enseignement agricole
porte ses fruits dans tous les coins de la Belgique. Le
Département de l'Agriculture se doit à honneur de
développer de plus en plus l'œuvre si utile à laquelle
il s'est dévoué depuis 27 ans avec une si belle ardeur:
il ne faillira pas à ce devoir!

III

L'enseignement agricole organisé par le département des Sciences et des Arts

1. Les cours d'agronomie organisés de concert par
le Département de l'Agriculture et celui des Sciences
et des Arts, dans les athénées et les écoles moyennes
de l'Etat (voir plus haut).

2. Le programme des écoles normales d'instituteurs
primaires, prévoit l'enseignement de l'agriculture com-

·me matière obligatoire en 3ᵉ année d'études, à raison d'une ou deux heures par semaine. .

3. A l'école primaire qui, en Belgique, comporte 6 années d'études, les notions d'agriculture figurent au programme de toutes les années, dans les écoles rurales pour garçons. Les leçons agricoles spéciales, y occupent environ 1 à 2 heures par semaine, mais il est vivement recommandé aux instituteurs de recourir le plus fréquemment possible à l'enseignement agricole occasionnel. .

En outre, de concert avec l'administration de l'agriculture, l'administration de l'enseignement primaire a organisé annuellement depuis 20 ans environ des « Concours agricoles entre instituteurs », qui permettent d'allouer des primes de 100, 75 ou 50 francs aux instituteurs-lauréats.

4. L'administration de l'enseignement primaire a également institué des « Cours de perfectionnement pour l'obtention du certificat d'aptitude à l'enseignement de l'agriculture, à l'école primaire rurale pour garçons. »

Ces cours qui sont surtout des cours de manipulations, d'expériences, se donnent chaque année aux écoles normales de Nivelles (en français) et de Gand (en flamand), durant les vacances d'août-septembre. Ils durent trois semaines environ et sont suivis régulièrement par 20, 25, 30 instituteurs.

Pendant les vacances de Pâques ont lieu les examens qui portent non seulement sur les leçons données, mais aussi sur le programme d'enseignement agricole que le département a publié en 1891.

IV

L'enseignement agricole organisé par les provinces

La province de Hainaut a repris à sa charge en 1907, l'école de mécanique agricole de Mons dont nous avons parlé plus haut.

Depuis 1911 elle a institué à Ath une école d'agriculture et d'élevage qui a été fréquentée, pendant la première année par 6 élèves (1).

Cette école, dont le corps professoral compte 4 ou 5 ingénieurs agricoles, a organisé les études de façon à libérer les élèves durant la période des travaux agricoles.

La durée des études est de trois ans.

La province de Brabant a organisé durant l'hiver 1911-1912 deux écoles d'agriculture d'hiver, à Court-St-Etienne et à Tirlemont. Les cours se sont donnés à raison de 3 après-midis par semaine (de 13 1/2 h. à 16 1/2 h.). Ils ont été suivis par 20 à 30 élèves Leur organisation est en tout semblable à celle des sections professionnelles primaires établies par l'Etat.

Cette province alloue également un subside pour les sessions d'écoles ménagères agricoles ambulantes, organisées par l'Etat dans son ressort.

La province de Liège a fait donner par un vétérinaire, il y a quelques années, des séries de conférences sur l'extérieur (esthétique) des chevaux de trait.

Enfin les provinces d'Anvers, de Limbourg, de la Flandre Occidentale, de la Flandre Orientale, de Na-

---

(1) Cette école n'a pu obtenir les subsides de l'État, le nombre de ses élèves n'atteignant pas le minimum légal de 15.

mur et de Luxembourg n'ont pas organisé d'enseignement agricole propre, mais elles ont aidé financièrement les écoles et sections moyennes ou primaires pour garçons et filles, établies ou subventionnées par l'Etat et fonctionnant sur leur territoire.

Les Sections agricoles primaires en Belgique

RAPPORT DE M. HECTOR MISÈREZ,

INGÉNIEUR AGRONOME, A ALOST.

Étude monographique de la Section d'Ath.

SOMMAIRE :

1. — Introduction.
2. — Ce qu'est une section agricole primaire.
3. — La place qu'elle occupe dans l'enseignement agricole.
4. — L'opportunité de son enseignement.
5. — Le développement des sections en Belgique.
6. — Leur situation en 1911-1912.
7. — Monographie de la section d'Ath.

* * *

I. — Introduction.

Nous possédons actuellement en Belgique un certain nombre de « sections agricoles primaires. » Au cours de l'hiver dernier, nous eûmes l'occasion de les visiter presque toutes et ce contact nous laissa une impression telle que leur rapide multiplication nous apparut comme particulièrement désirable. Aussi notre rapport conclut-il dans ce sens.

Il nous a semblé, d'autre part, qu'en le faisant connaître davantage nous pourrions contribuer à servir la cause de ce genre d'enseignement: c'est la raison d'être de cette courte communication.

2. — Ce qu'est une section agricole primaire.

Dans l'esprit de ses organisateurs, la «section agricole primaire» est une annexe de l'école rurale où se donne, les soirs d'hiver, aux enfants et aux jeunes gens qui viennent de quitter les bancs de l'école, les notions de la science agricole.

Voici, au reste, comment la définit une circulaire ministérielle datée du 17 décembre 1902: «Les sections professionnelles primaires d'agriculture pour garçons sont instituées en général auprès des écoles publiques ou privées du degré primaire dans les centres ruraux populeux.

Elles ont pour but d'enseigner aux jeunes gens les éléments des sciences nécessaires à la profession de cultivateur. »

L'horaire des sections prévoit notamment 120 heures d'enseignement théorique et pratique portant sur les matières suivantes:

Agronomie.
Zootechnie.
Economie rurale.
Comptabilité.

Il est à remarquer que le règlement laisse aux organisateurs des sections la faculté de répartir cet enseignement sur deux semestres d'hiver et cela afin de leur permettre de faire donner, partout où la chose est désirable, un plus ample développement aux branches du programme.

Disons tout de suite qu'en pratique on fait le plus grand usage de cette latitude.

Les professeurs sont choisis parmi les ingénieurs agricoles, les conférenciers, ou les instituteurs qui ont obtenu le diplôme spécial de capacité.

Presque partout on rencontre dans les sections agricoles primaires l'instituteur local, soit en qualité de titulaire unique, soit comme directeur assisté par un ou plusieurs techniciens. Cette dernière combinaison est de loin la meilleure.

Pour être admis aux leçons les élèves doivent être âgés de 14 ans au moins; leur nombre ne peut pas être inférieur à 15.

A la fin des cours les élèves se présentent devant un jury dont fait de droit partie l'agronome de l'Etat, qui y représente le département de l'Agriculture.

Le ministère de l'Agriculture subsidie cet enseignement dans les limites de 350 à 750 frs par an.

Un certain nombre de sections donnent en même temps à leurs élèves l'enseignement général (arithmétique, dessin, rédaction) et l'enseignement professionnel; dans ce cas, le département des Sciences et des Arts intervient à son tour par voie de subside.

Le plus souvent, la province et quelquefois même la commune où fonctionne la section, subventionnent aussi son enseignement.

3. — Place occupée par la section agricole primaire dans l'organisation générale de l'enseignement agricole en Belgique.

La «section agricole primaire» représente une des multiples formes sous lesquelles le département de l'Agriculture de Belgique propage la science agricole; ce n'est donc qu'une pièce dans le vaste mécanisme de son enseignement professionnel. Pour bien la juger

il faut la considérer *en place*, fonctionnant solidaire-
ment avec les autres organes qui constituent le système
auquel elle appartient. Force nous est donc d'indiquer
tout au moins ceux-ci.

Malgré leur diversité, les institutions d'enseignement
agricole, établies ou subsidiées par le dit département,
peuvent être rangées dans un des groupes suivants:

I. — Institutions d'enseignement agricole supérieur,

II. — Institutions d'enseignement agricole moyen,

III. — Institutions d'enseignement agricole primaire,

IV. — Institutions d'enseignement agricole populaire.

En l'envisageant à un autre point de vue, l'enseignement professionnel agricole se subdivise en outre en:

enseignement agricole proprement dit,

enseignement ménager agricole, et

enseignement horticole et spécial,

suivant qu'il s'adresse aux agriculteurs, aux fermières,
aux horticulteurs ou à certaines catégories de professionnels (conducteurs de machines agricoles, personnel des laiteries, aviculteurs, etc.).

Le tableau synoptique ci-dessous tient compte de
cette double distinction.

	Institutions d'enseignement agricole proprement dit.	Institutions d'enseignement agricole aux femmes (enseignement ménager).	Institutions d'enseignement horticole et spécial.
I. Enseignement supérieur	A. Institut agronomique de l'Etat, à Gembloux. B. Ecole supérieure d'agriculture annexée à l'université de Louvain.	—	—
II. Enseignement moyen	A. *Écoles d'agriculture :* école de l'Etat à Huy ; écoles subsidiées. B. *Sections agricoles :* sections subsidiées. C. *Cours d'agriculture ;* cours subsidiées.	A. *Écoles ménagères* subsidiées. B. *Sections ménagères* subsidiées. C. Des notions d'horticulture sont de plus enseignées dans *diverses institutions libres.*	A. { *Écoles d'horticulre* de l'Etat { *Écoles d'horticult* subsidiées. B. *Écoles de mécanique agricole.*
III. Enseignement primaire	A. *Sections agricoles primaires.* B. Les premières notions d'agriculture sont déjà enseigné-s *à l'école primaire rurale.*	A. *Sections ménagères* agricoles du degré primaire B. *Écoles ménagères* agricoles ambulantes. C. Des notions d'horticulture sont données dans div. classes	A. *Sections horticoles* primaires. B. Les premières notions d'horticulture sont enseignées dans les écoles primaires rurales.
IV. Enseignement populaire	A. *Cours d'agronomie* comprenant de 5 à 15 conférences et données annuellement dans environ 500 localités. B *Des conférences isolées* données par les agronomes de l'État. C. *Des conférences* accordées aux sociétés agricoles.	A. *Séries de conférences aux fermières.* B. *Des conférences* données dans les cercles des fermières. C. Beaucoup de conférences de floriculture sont suivies par des dames.	A. *Sections aux cours développés* d'horticulture. B. *Cours d'horticulture* de 5 à 20 leçons données dans environ 500 localités. C. École de laiterie. D. Cours d'aviculture. E. Cours d'apiculture. F. Cours de maréchalerie. G. Cours aux militaires.

La section agricole primaire se trouve donc placée au-dessus de l'enseignement général primaire: elle commence là où l'école rurale finit et elle a essentiellement pour but de relier l'enseignement de prémière formation à l'enseignement professionnel proprement dit. Nous pouvons donc établir comme suit la gradation dans l'enseignement qui est donné aux populations rurales:

> école primaire rurale,
> *section agricole, ménagère ou horticole,*
> (école et cours spéciaux)
> cours d'adultes.

Beaucoup d'enfants des campagnes se dirigent aussi vers l'enseignement moyen; quelques-uns suivent les cours industriels ou commerciaux.

A l'école primaire rurale, l'*instituteur* donne actuellement quelques éléments d'agriculture et d'horticulture.

A la section primaire agricole, l'instituteur ou l'institutrice, *porteurs du certificat spécial*, enseignent les principales notions d'agriculture, d'économie domestique ou d'horticulture; encore sont-ils le plus souvent assistés de spécialistes.

A l'école ou au cours spécial, des *techniciens* donnent l'enseignement développé d'une branche de l'industrie agricole ou horticole.

Aux cours d'adultes, des *conférenciers* viennent périodiquement rappeler les principales règles d'application immédiate qui doivent être suivies en vue d'exploiter rationnellement.

4. — Opportunité de l'enseignement qui est donné à la section primaire agricole.

L'enfant ne devient pas un homme du coup. Peut-être l'a-t-on oublié parfois. On ne peut pas, en effet, envoyer directement l'enfant, sortant de l'école primaire, aux cours purement professionnels, pas plus qu'à la caserne ou à l'université; il faut une transition; c'est la section professionnelle qui l'offre. Là, il continuera en quelque sorte à vivre dans cette atmosphère bienfaisante de l'école, auprès de son instituteur, au contact des livres, qui l'initieront graduellement aux choses professionnelles, qui le prépareront à comprendre et à expliquer le pourquoi des opérations qu'il accomplit ou voit accomplir tous les jours, à la ferme de ses parents. A nos yeux, la section primaire doit être un cours préparatoire; son enseignement doit être un enseignement d'initiation plutôt que de vraie formation professionnelle; bref, on pourrait appeler la section l'antichambre de l'école professionnelle et c'est à son frontispice plutôt qu'à celui de l'école primaire, que nous voudrions trouver cette inscription dont on parle si volontiers de nos jours: « école pour la vie ».

C'est d'ailleurs, à l'âge de 14 à 16 ans que l'intelligence et la mémoire sont le mieux ouvertes; c'est alors surtout qu'il faut songer à les enrichir.

Au point de vue social encore, combien de jeunes gens de nos campagnes ne voyons-nous pas amenés à déserter celle-ci parce qu'à leur sortie de l'école rurale, ils sont abandonnés à eux-mêmes, alors que leurs parents souhaiteraient les voir plus instruits et qu'eux mêmes sont parfois avides d'enseignement professionnel en vue de mieux assurer l'avenir. C'est alors qu'on les voit bien souvent prendre le chemin de la ville et aboutir à une école industrielle, à un cours professionnel des métiers et négoces, d'où ils ne reviendront plus.

A ceux donc qui dénoncent l'exode rural, nous montrons la section agricole primaire, fonctionnant les soir d'hiver, dans les localités de la campagne, comme moyen à lui opposer.

5. — Développement des sections agricoles en Belgique.

Elles sont actuellement au nombre de 25 et réparties comme suit:

Province	d'Anvers	4
»	de Brabant	5
»	de la Flandre occidentale	3
»	de la Flandre orientale	2
»	du Hainaut	7
»	de Liège	4
»	de. Limbourg	—
»	de Luxembourg	—
»	de Namur	—
		25

D'asse. nombreuses sections nouvelles sont en voie de constitution; c'est très heureux à constater à raison du grand bien qu'on est en droit d'attendre de ce genre d'enseignement.

A côté des sections primaires agricoles nous comptons en Belgique quelques sections ménagères agricoles pour filles et des sections primaires horticoles dont le nombre est sur le point de s'accroître très rapidement.

6. — Situation des sections agricoles primaires en 1911.

L'enseignement donné dans les sections agricoles

est généralement bien suivi comme l'indique le tableau
de fréquentation ci-dessous:

		Nombre d'inscriptions.	Nombre de présences.
1	Ath,	51	40
2	Braine-le-Comte,	55	48
3	Celles,	38	23
4	Enghien,	35	34
5	Thumaïde,	24	20
6	Thuin,	9	7
7	Brugelette,	68	58
8	Proven,	23	23
9	Langemarck,	25	23
10	Reckem,	32	19
11	Overyssche,	38	36
12	Olmen,	32	15
13	Thielen,	41	34
14	Moll,	83	80
15	Beauvechain,	47	33
16	Bierbeek,	41	37
17	Londerzeel,	60	38
18	St Georges s/M.,	50	45
19	Westerloo,	82	70
20	Herstal,	22	18
21	Verlaine,	33	20
22	Bergilers,	30	24
23	Bassevelde,	52	23
24	St-Gilles-Waes,	49	31
25	Ways.	42	34
	Totaux	1050	838
	Moyenne	42	34

L'âge des élèves varie généralement entre 14 et
18 ans.

Monographie de la section professionnelle agricole d'Ath.

Le département de l'Agriculture n'exige des sections primaires agricoles qu'un minimum de conditions à remplir et leur laisse le maximum de latitude pour adapter leur enseignement aux circonstances de temps et de lieu.

La monographie de la section d'Ath en est un vivant exemple: c'est un peu cette considération qui nous a amené à en parler spécialement ici.

Nous examinerons tour à tour les points suivants:

> a) Généralités par rapport à la section.
> b) Enseignement.
> c) Personnel.
> d) Patronage.
> e) Elèves.
> f) Subsides.
> g) Installations.
> h) Résultats.

Les renseignements qui vont suivre sont empruntés au plus récent rapport de la direction de l'école.

a) Généralités.

1. *Nom de l'école.* — Les organisateurs ont adopté la dénomination d'école professionnelle d'agriculture: cette dénomination caractérise mieux, à leur avis, l'institution.

Le mot *section* s'applique plutôt à une partie, à une dépendance d'une autre institution scolaire; or, l'école d'Ath est indépendante de tout autre établissement d'enseignement.

2. *Année de sa fondation.* — Elle fut fondée à Chièvres en 1903 et transférée à Ath en 1907. Ce changement de siège a été fait en considération

des moyens de communications; l'accès à Chièvres était difficile; Ath, au contraire, est richement doté sous ce rapport: de nombreux chemins de fer, de bonnes routes pavées ou empierrées rayonnent dans toutes les directions et permettent aux élèves de la région de se rendre facilement aux cours.

3. *Caractère de l'école.* — C'est une institution libre, subsidiée par les pouvoirs publics; elle a un caractère essentiellement professionnel; son programme ne comporte que des notions directement en rapport avec la profession de cultivateur, à l'exclusion des branches d'instruction générale. Elle est régionale et tient le milieu entre l'enseignement primaire et l'enseignement moyen.

4. *But de l'école.* — L'école a pour but de procurer gratuitement et en peu de temps, aux jeunes gens qui sont déjà dans la pratique, les connaissances scientifiques nécessaires à la bonne direction d'une exploitation agricole.

L'école s'adresse aux jeunes cultivateurs, généralement peu lettrés, n'ayant fait pour la plupart que des études primaires plus ou moins complètes et ayant parfois quitté les bancs de l'école depuis quelque temps déjà, pour s'adonner aux travaux des champs.

b) Enseignement.

1. *Programme :* Le programme comprend :
  a) des notions de chimie agricole,
  b) l'étude du sol et du climat,
  c)) l'anatomie et la physiologie végétales; l'alimentation de la plante; l'étude complète des engrais: la semence; les principales cultures spéciales de la région; les assolements; les prairies et les vergers,
  d) l'anatomie et la physiologie animales; l'ali-

mentation rationnelle et l'hygiène des animaux domestiques ; les moyens d'améliorer les animaux ; la
zootechnie spéciale du cheval belge de gros trait,
de la bête bovine, du porc et de la volaille.

e) des notions pratiques de maréchalerie et de
mécanique agricole,

f) la comptabilité agricole,

g) quelques notions de législation rurale.

2. *Horaire*. — Les cours se donnent en hiver, pendant les mois de décembre, janvier et février, trois
fois par semaine, de 1 à 4 heures.

Des excursions dans les principales fermes des environs ainsi que des visites de laiteries, brasseries,
fabriques d'engrais, concours, expositions, champs
d'expériences, etc. sont organisées en dehors des heures de cours.

3. *Durée des études*. — Un hiver est principalement
consacré à l'étude de l'exploitation de la plante et
l'hiver suivant à l'étude de l'exploitation des animaux. Le programme est donc complètement étudié
en deux sessions.

4. *Méthode employée*. — L'enseignement est essentiellement intuitif et pratique et basé sur l'expérience
personnelle. Le matériel intuitif comprend des objets
en nature, des tableaux, des gravures, des photographies, des plans, des cartes, des appareils pour les
expériences et les démonstrations, etc.

Les objets en nature sont choisis dans l'entourage
des élèves et fournis généralement par eux.

Les élèves travaillant continuellement chez eux, il
n'est pas absolument nécessaire de leur faire exécuter
à l'école des travaux pratiques. Ainsi l'enseignement
ne doit comprendre que des notions scientifiques que
les élèves auront à appliquer continuellement dans
leur pratique journalière.

Les professeurs ont rédigé un résumé succinct au cours qu'ils ont fait lithographier en laissant un feuillet blanc après chaque feuillet écrit. Ces résumés, remis à l'élève sont complétés par les notes dictées que celui-ci doit transcrire avec soin sur les pages blanches, intercalées dans le texte. les applications. sont très nombreuses et, autant que possible, elles ont pour objets des faits qui se passent dans l'exploitation même des élèves.

Les ouvrages de la bibliothèque sont à la disposition des élèves pour les recherches personnelles qu'ils ont à faire.

Une leçon comprend généralement les points suivants :

a) *Préparation :* indication du sujet à étudier dans la leçon suivante et des points principaux à traiter. Etude de ces points par les élèves à domicile et recherches à faire, principalement dans leur exploitaiton propre.

b) *Leçon :* examen et discussion des résultats des recherches. Développements complémentaires à donner par le professeur. Résumé de la leçon. Lecture du résumé dans le cours. Dictée des notes complémentaires. Applications.

c) *Devoir à domicile :* transcrire avec soin sur les pages blanches du résumé les notes dictées et certaines applications importantes. Faire les applications indiquées. Etudier complètement le sujet traité, de façon à pouvoir répondre à des questions préalablement posées

5. *Emploi du temps.* — La première partie de chaque séance est particulièrement consacrée à la théorie et la seconde partie à la démonstration à raison de 6 heures par semaine pour la théorie et de 3 heures pour les applications.

En dehors des leçons en classe, il est consacré chaque année environ 30 heures aux excursions.

c) Personnel.

M. *Bouillon, Adolphe* dirige le cours et donne le plus grand nombre des leçons.

M. Bouillon est:

a) instituteur communal pensionné,

b) porteur du diplôme pour l'enseignement de l'agriculture dans les écoles primaires (diplôme du degré supérieur, délivré par le jury de Nivelles, en 1891).

c) conférencier agricole de l'État depuis 1892;

M. Bouillon est l'auteur de plusieurs publications: cours de culture, cours de zootechnie, cours d'alimentation rationnelle des animaux domestiques, à l'usage de ses sections d'agriculture.

M. *Pollart*, vétérinaire à Ath, donne l'extérieur du cheval, les notions de maréchalerie et les premiers soins à donner aux animaux en cas d'accidents ou de maladies en attendant l'arrivée du vétérinaire. Il donne sa matière en 10 leçons d'une heure chacune. Son cours est également lithographié.

Les notions de mécanique agricole ont été données par M. *Pol Bouillon*, ingénieur-mécanicien, en 5 leçons d'une heure chacune.

Il est question de désigner aussi *un docteur en droit*, pour donner un petit cours de législation rurale en 10 leçons d'une heure.

d) Comité de patronage.

Composition. — A vrai dire, l'école n'a pas de comité spécial de patronage, mais elle est patronnée par la ville et le comice agricole d'Ath. Un membre de l'Administration communale — souvent le bourgmestre — et un membre du comité du comice assistent à l'ouverture des cours et à l'examen final. Ces délégués viennent de temps à autre visiter le cours et apporter leurs encouragements aux professeurs et aux élèves; ils ne s'occupent pas du recrutement de ces derniers. L'agronome de l'Etat contrôle l'enseignement.

Il serait vraisemblablement bon d'organiser une association des anciens élèves de l'école. Lorsque le siège de l'institution est fixe comme à Ath et à Braine-le-Comte, la chose peut se réaliser aisément. Cette association permettrait aux élèves: a) de se revoir de temps en temps, de mieux se connaître et de resserrer davantage les bons rapports qu'ils ont noués entre eux sur les bancs de l'école; b) de défendre leurs intérêts communs; c) de continuer leur instruction professionnelle par des réunions, des conférences, des expériences, des lectures, des excursions d'étude dans le pays et même à l'étranger. Ce serait un véritable cercle d'études pour cultivateurs. Ayant des membres actifs dans un grand nombre de localités, cette association pourrait constituer le meilleur des comités de patronage. On se propose de tenter l'essai à Ath.

e) Élèves.

1. *Examen d'entrée.* — Il n'existe pas d'examen d'entrée proprement dit.

Trois conditions sont exigées pour être admis à suivre les cours: 1º être âgé de 14 ans au moins; 2º avoir fait des études primaires complètes; 3º prendre l'engagement de suivre régulièrement les leçons.

En pratique on est très large à l'admission. Il faut éviter d'élever une barrière trop haute à l'entrée du cours; bon nombre d'élèves, âgés de 20 ans et plus, ont oublié une partie de ce qu'ils ont appris sur les bancs de l'école; ils ne possèdent plus guère qu'une instruction rudimentaire; cela n'empêche qu'ils retirent le plus grand bien de la fréquentation des cours.

2. *Age des élèves.* — L'âge des 324 élèves qui ont fréquenté l'école depuis sa fondation varie de 14 à 48 ans. Parmi ces élèves:

  8 p. c. étaient âgés de 14 ans.
 10 p. c. étaient âgés de 15 ans
 12 p. c. étaient âgés de 16 ans.
 12 p. c. étaient âgés de 17 ans.
 12 p. c. étaient âgés de 18 ans.
  9 p. c. étaient âgés de 19 ans.
 22 p. c. étaient âgés de 20 à 25 ans.
  8 p. c. étaient âgés de 26 à 30 ans.
  5 p. c. étaient âgés de 31 à 40 ans.
  2 p. c. étaient âgés de plus de 40 ans.

3. *Degré d'instruction.* — Environ 70 p. c. des élèves n'ont fait que des études primaires: 25 p. c. ont fait des études moyennes plus ou moins complètes.

4. *Nombre d'élèves.* — Pour la session 1911-1912, 56 élèves se sont fait inscrire mais 5 ne se sont pas présentés à l'ouverture; 51 ont suivi les cours, des maladies ou des accidents, survenus aux élèves eux-mêmes où à leurs parents, ont fait rester en route une dizaine de jeunes gens, de sorte que les cours ont fini avec une quarantaine d'élèves dont 32 ont obtenu le certificat: 14 avec grande distinction (8/10 des points), 12 avec distinction (7/10 des points) et 6 avec satisfaction (6/10 des points).

Ces élèves appartiennent à 24 communes différentes, situées dans un rayon de 23 kilomètres du siège de l'école.

Généralement les déchets ne dépassent pas le nombre de 5 élèves par cours.

5. *Profession des parents.* — Les parents de tous les élèves sont des cultivateurs exploitant des fermes de 5 à 30 hectares. Quelques auditeurs cultivent pour leur compte personnel.

Dans la région d'Ath la culture est assez morcelée, mais dans le pays de Braine-le-Comte, les fermes sont beaucoup plus importantes; c'est ainsi qu'on compte parmi les élèves de Braine-le-Comte plusieurs fils de fermiers exploitant plus de 100 hectares.

f) Subsides
(obtenus en 1911)

1. Etat · 500 frs.
2. Province 225 frs.
3. Ville d'Ath 200 frs.
4. Comice agricole d'Ath 50 frs.

L'intervention de la ville d'Ath consiste dans le paiement des frais: a) de chauffage, d'éclairage et d'entretien du local appartenant à la ville et mis gratuitement à la disposition de l'école; b) d'entretien du mobilier scolaire et d'une partie du matériel d'enseignement; c) d'affiches, de circulaires, de diplômes, de port de lettres. Cette dépense est estimée à 200 frs.

g) Installations.

1. *Salles de classes.* — Une grande salle de classe pourvue d'un mobilier scolaire convenable, bien entretenue, bien chauffée et bien éclairée, est mise gratuitement par la ville à la disposition de la section. C'est une salle de classe de l'école industrielle.

2. *Bibliothèque.* — La bibliothèque de l'école comprend une centaine de volumes.

La bibliothèque de la ville et celle du comice agricole sont également à la portée des élèves.

3. *Matériel.* — La salle mise à la disposition de l'école est meublée d'un matériel scolaire complet: bancs-pupitres, tableaux noirs, pupitre pour le maître, poële, etc. Il s'y trouve également des armoires contenant les livres de la bibliothèque, les collections, les appareils de chimie et de physique et le matériel nécessaire aux expériences.
matériel nécessaire aux expériences.

Le personnel enseignant est autorisé à se servir des appareils de chimie et de physique de l'école industrielle. Le matériel nécessaire aux expériences agricoles appartient au personnel.

4. *Musée et collections.* — La ville possède pour ses écoles un musée d'histoire naturelle: ce musée est ouvert aux élèves de l'école.

Les collections de la section sont très nombreuses et elles sont toutes la propriété des professeurs. Elles consistent en objets en nature, gravures, photographies, dessins, plans, diagrammes, tableaux, cartes, etc. Les matériaux de bon nombre de collections sont apportés par les élèves et groupés par le professeur.

5. *Jardins.* — L'école ne possède pas de ferme modèle, ni de verger. Pendant la bonne saison les élèves visitent en groupe l'une ou l'autre de ces installations, choisies parmi les mieux tenues des environs.

6. *Cultures.* — L'école ne fait aucune culture, mais elle profite de la visite des fermes pour faire également l'examen des cultures. Chaque année une culture spéciale fait l'objet d'une étude particulière. Ainsi, par exemple, en 1912, on a fait l'étude spéciale de la culture de l'avoine; en 1913, on fera celle de la betterave sucrière et ainsi de suite. Au bout de quelques

années on aura donc étudié de près les principales cultures de la région.

7. *Champs d'expériences.* — M. Bouillon établit chaque année un champ d'expériences-type. Pendant le
cours il donne toutes les explications désirables sur
l'organisation de ce champ et invite les élèves à exécuter les mêmes essais dans leurs exploitations. Pendant la période de végétation, les champs d'expériences
ainsi établis sont visités en commun et discutés.

h) Résultats.

1. *Nombre de certificats délivrés.* — L'école existe
depuis 1903. Elle a été fréquentée par 324 élèves et
elle a délivré 233 certificats.

Au début, les études ne duraient qu'un an. Depuis
2 ans, on a développé considérablement le programme
et on l'enseigne en 2 années, comme il est dit ci-
dessus.

2. *Carrières embrassées.* — Tous les élèves, porteurs du certificat, s'occupent d'agriculture. Quelques-
uns ont ajouté à leur culture un commerce de semences,
d'engrais, de matières alimentaires ou de machines
agricoles.

On les rencontre souvent à la tête des syndicats.

Des élèves sont allé faire la culture en France : l'un
d'entre eux est attaché à une grande exploitation comme
chef de culture : trois autres ont repris des fermes
importantes qu'ils cultivent pour leur compte personnel.
Un élève est actuellement attaché au ministère des
Colonies ; il a été placé à la tête de la station d'élevage
de Zambi, au Congo.

3. *Influence exercée par l'école.* — L'école a été fréquentée par des élèves appartenant à environ 300 familles, habitant une soixantaine de localités situées

dans un rayon de 25 kilomètres de la ville d'Ath. Presque toutes ces familles se sont intéressées aux choses de l'école. En effet, pendant les cours, les élèves ont à faire, à domicile, de nombreux exercices d'application. L'exécution de ces travaux exige très souvent des recherches à entreprendre dans l'exploitation paternelle. Il se fait ainsi que beaucoup de leçons du cours sont discutées le soir en famille, éclairant, non seulement les élèves, mais aussi leurs parents et même leur entourage.

La lecture, dit-on avec raison, est la principale source de connaissances humaines et si le cultivateur ne lit pas davantage c'est qu'il ne comprend pas suffisamment bien ce qu'il lit. Les élèves apprennent à l'école la signification exacte de nombreux termes techniques employés en agriculture, ce qui leur permet de lire avec intérêt et avec profit les journaux, les revues, les ouvrages qui se rapportent à leur industrie. Le développement du goût des lectures saines et utiles chez le campagnard a une conséquence considérable tant au point de vue moral qu'au point de vue matériel.

Les connaissances zootechniques acquises à l'école, portent naturellement les élèves à s'intéresser davantage à l'élevage; ils fréquentent plus nombreux les concours et les expertises, discutent le mérite des animaux exposés et en retirent pour eux des renseignements utiles.

L'école a fourni aux syndicats de la région des dirigeants capables et dévoués, sachant défendre les intérêts agricoles en connaissance de cause.

Le développement de l'instruction agricole par la section a contribué à enrayer la falsification ou la fraude dans le commerce des engrais, des matières alimentaires, des semences, etc. et à rendre plus judicieux l'emploi de matières fertilisantes, des aliments et le choix des variétés, plus rémunérateurs, l'élevage et la culture. En résumé, elle a augmenté considérablement le bien-être des cultivateurs ainsi que le bien-être général.

N'est-il pas vrai qu'il faut souhaiter que de pareilles institutions se multiplient?

L'Enseignement ménager agricole

RAPPORT de Mlle BOUILLOT et de Mme HAENTJENS.

La Belgique, notre petit pays, est en voie de prospé·
rité agricole. A la crise d'il y a quelques vingt cinq
ans, a succédé une période meilleure de progrès. Ce
mieux est surtout l'œuvre du Gouvernement: Le département de l'Agriculture secondant ses vues, a eu recours, pour remédier à la crise agricole à divers
moyens, dont l'énumération ne rentre pas dans cet
exposé.

Un des plus puissants a été l'instruction professionnelle du cultivateur. En quelques années des écoles
d'Agriculture, des sections, des cours annexés aux
écoles moyennes et primaires ont surgi spontanément
dans toutes les régions du pays.

On ne peut s'empêcher d'admirer avec quelle rapi-
dité et quel succès, ces écoles, jointes à la création
d'une organisation d'un service d'agronomes, des conférences, cours d'adultes, sont venues au secours de
l'agriculture, menacée par la prépondérance accapa-
rente de l'industrie et l'importation des céréales à
bas prix.

Ces efforts, dont le résultat immédiat a été si en-
courageant, n'eussent pas été complètement fructueux,
si, à cette formation du cultivateur, le Gouvernement
n'avait songé à l'instruction de la fermière.

La compagne du cultivateur a bien sa part dans la responsabilité de l'entreprise des travaux de la ferme. Son influence eut paralysé les moyens d'instruction donnés au cultivateur, si nos dirigeants avaient méconnu ce rôle et n'avaient donné également à la fermière les moyens de le bien remplir.

Entreprendre l'instruction professionnelle de la fermière, de la cultivatrice, était chose ardue. En dehors de l'instruction primaire, on n'entrevoyait guère d'autre horizon pour la jeune fille de la campagne, de la petite et de la moyenne culture.

Quant à la jeune fermière aisée, elle recevait dans des pensionnats la même éducation que la citadine.

Cette éducation détournait souvent la jeune fille de la ferme, pour porter ses aspirations vers le séjour de la ville. L'exode rural, qui en lut la conséquence, privait le fermier d'une collaboration qui aurait pu être intelligente, et par là même aggravait la situation déastreuse de l'agriculture.

C'est en 1890, que le Département de l'Agriculture, justement alarmé, a établi pour la première fois un enseignement agrciole pour jeunes filles. Cet essai ne répondait pas encore pleinement au but désiré. Il s'agissait de ne pas heurter les idées, mais au contrairee, de les préparer insensiblement à admettre l'enseignement professionnel de la fermière.

Il fallait commencer par interesser le cultivateur, lui montrer un profit palpable découlant de l'application de cet enseignement nouveau.

Les écoles de laiterie ambulantes créées à cette époque, ont rayonné dans toute la Belgique. Les cours avaient une durée de 3 mois. Les écoles volantes de laiterie ont amené un changement très appréciable dans l'industrie laitière et par la même dans la prospérité de nos petites localités rurales. Celui qui a connu il y a 22 ans, les villages des Ardennes, des Flandres et de la Campine, peut se rendre compte aujourd'hui de la notable amélioration dans le bien-être même du cultivateur, due aux premiers essais de l'enseigne-ment agricole.

. Ce résultat était bien fait pour encourager le Gou-vernement à poursuivre dans cette voie. Et considérant que la laiterie n'est qu'une branche de l'industrie agricole, nos dirigeants ont alors osé aborder pleine-ment l'instruction professionnelle de la fille du cul-tivateur, en substituant peu à peu à cet enseignement l'enseignement ménager agricole sous forme d'écoles permanentes, de sections dans les pensionnats pour la fermière aisée, et d'écoles ménagères agricoles am-bulantes pour la population peu fortunée.

L'enseignement populaire donné sous le nom d'école ménagère agricole ambulante consiste à aller de village en village, initier la jeune fille à ses devoirs de mère de famille et à ceux concernant sa profession de cultrivatrice.

Actuellement 13 écoles ambulantes fonctionnent dans toutes les provinces. Depuis leur institution en 1890, il a été organisé 387 cours de trois cu quatre mois, qui ont été suivis par 6000 élèvees environ, dont 5257 ont botenu leur certificat final.

Durant les 3 derniers années de 1908 à 1911, 79 cours ont été établis: ils ont été suivis par 1400 élèves et, 1221 ont obtenu un diplôme de capacité.

L'école s'installe dans un village, soit à la demande d'un comice, d'une commune ou d'une société. Cette demande est remise à l'agronome de la région qui devient alors directeur d'école pour les 3 ou 4 mois de la durée du cours.

La commune, le plus souvent, fournit le local nécessaire à l'installation du matériel, ou une légère indemnité, elle aide souvent aussi à recruter le nombre
d'élèves requis (15 au minimum, 20 au plus). Parfois
le comice intervient pour un subside de 100 à 200 frs.,
la province de 150 à 200 frs et l'Etat paie le reste.
Une section d'école ménagère agricole ambulante coûte
environ 2000frs.

La fréquentation des cours est entièrement gratuite
pour l'élève.

Le personnel enseignant se compose du directeur-
agronome, de deux maîtresses, généralement les mêmes pour une région.

Le matériel est transporté d'une localité à l'autre.
Il est composé: d'un mobilier scolaire, d'un ameublement de cuisine adapté au genre de la région où
l'école fonctionne, d'un matériel de laiterie, homogène,
avec outillage réduit pour la culture maraîchère et
florale, parfois aussi d'un couveuse artificielle, en
plus une bibliothèque.

Les cours ont une durée de 3 ou 4 mois. Ils ont
lieu chaque jour de la semaine, sauf l'après-midi du
samedi, pendant 6 heures par jour: 4 de ces heures
snot réservées aux travaux pratiques, 2 à l'explication
raisonnée du travail exécuté par les élèves et aux
cours théoriques.

Les travaux sont généralement exécutés par 4 groupes d'élèves et comprennent:

1° Pour le premier groupe tous les travaux de
cuisine. Sous cette dénomination sont placés: la préparation des repas, la fabrication du pain, la préparation des conserves alimentaires, le service de la
table, l'entretien du local et du mobilier.

Le second groupe s'occupe de la lessive, du repas-
sage du linge, du détachage des vêtements.

Le 3mᵉ fait les travaux de laiterie et de fromagerie
et le 4ᵐᵉ s'occupe, s'il y a lieu, de culture maraîchère,
de la marche de la couvreuse artificielle, et fait le
raccommodage de linge, de la couture.

Ces travaux exécutés journellement sont inscrits dans
des cahiers spéciaux pendant les heures réservées
à la théorie.

Le cours d'hygiène est donné avec le plus d'intuition
possible, en premier lieu sur l'alimentation du cultivateur. Il vise à faire utiliser dans ce but les produits naturels : lait, fruits, légumes, viande de porc
etc. Jusqu'à présent l'alimentation du cultivateur a
été le plus souvent mal compris, elle a donc tout à
bénéficier de cet enseignement rationnel.

Les leçons données sur l'entretien du linge, outre
l'habilité professionnelle qu'elles font acquérir, tendent à détruire les méthodes peu hygièniques encore
en usage dans certains parties de la Belgique, tel
le lavage à l'eau courante etc. Ces leçons visent encore
la maison, tout autant que celle retirée d'un racom-
modage du linge fait à temps et dans de bonnes
conditions. Elles montrent aussi la nécessité de la
propreté et de l'ordre dans la mise du cultivateur,
et le mépris attaché à la tenue négligente des vète-
ments.

L'enseignement de la laiterie comporte surtout les
soins à donner au lait pour l'écrèmage, le contrôle
de lait adopté par les coopératives laitières actuellement ; presque tous les villages sont pour ainsi dire
desservis par coopérative laitière ou possèdent des écrèmeuses, alors qu'en 1889, il y avait seulement en
Belgique, 22 écrèmeuses centrifuges !

Pour les cours pratiques de fromagerie, les visées
du Gouvernement seraient de pouvoir obtenir que cha-

que ménage agricole prépare un fromage au lait écrémé pour son alimentation journalière, un fromage à pâte dure, tel le Hollande, on réserve pour la période des travaux fatiguants. Et s'il y a lieu, un fromage de luxe lorsque les villages sont avoisinnants des centres et peuvent en faire aisément la vente.

Les travaux de nettoyage sont enseignés de manière à leur attribuer toute l'importance qu'ils ont pour la tenue hygiènique de l'habitation, le confortable, la santé du cultivateur. Les indications sur l'ornementation de la ferme sont complétées par l'exemple donné dans le choix du mobilier de l'école.

A ces cours pratiques si utiles, sont adjoints quelques cours donnés le plus intuitivement possible, suivant la saison dans laquelle on se trouve, sur l'entretien des jardins, la culture des légumes et la décoration florale.

L'alimentation de la vache laitière, des porcs, des poules, l'étude de ces rations et l'hygiène des étables sont démontrées pratiquement lors des excursions faites par l'école dans des fermes-modèles des écoles d'agriculture.

Ces cours sont tout donnés théoriquement par l'agronome, une fois par semaine. Généralement les élèves ont la conduite d'une couveuse artificielle et si le saison s'y prête, font alors l'élevage des poussins.

Pour achever cet enseignement si nécessaire, on a inscrit, dans ces derniers temps, au programme, un cours qui aurait dû être un des premiers si on n'avait dû lutter contre les idées routinières des campagnards; il s'agit d'un cours de pédagogie maternelle. S'il est suivi avec grand intérêt par la jeune fille, il n'a pas encore l'approbation du cultivateur peu instruit. Son influence bienfaisante sur l'hygiène infantile et sur l'éducation morale de l'enfant, s'est fait bientôt sentir. D'ailleurs les conférences données à ce sujet, instituées aussi par le Gouvernement sont déjà très régulièrement demandées par les cercles de fermières et feront certainement apprécier les cours, même par les plus récalcitrants.

Une innovation, très profitable également, vient d'être mise au programme des écoles ambulantes: un cours est donné en 5 leçons sur les «Premiers soins à donner en cas d'accidents» en attendant le médecin. La campagne est loin d'avoir à sa portée les secours qui existent en ville. Ce petit cours de Croix Rouge a donc sa raison d'être, plus particulièrement chère aux jeunes filles de la campagne et pourra être, en certain cas, d'indication très précieuse.

Ce résumé du programme de nos écoles ambulantes indique suffisamment l'horizon ouvert à présent à la jeune fille du cultivateur: au travail journalier, abrutissant, routinier, à cette vie de labeur pénible d'où s'évadaient un bon nombre, on a substitué un travail raisonné, par là même agréable, réduit au minimum de main d'œuvre, tout en donnant le plus de profits et de bien-être.

Ce programme ainsi élaboré, a été hautement apprécié par les pays étrangers. Nos écoles ambulantes leur ont servi de modèle. C'est ainsi que la France, la Hongrie, la Norwège, l'Uruguay, la Bolivie, le Chili, l'Espagne etc. envoient dans notre petit pays des personnes se former d'après nos méthodes et programme d'enseignement.

Notre Belgique peut être fière du progrès réalisé, grâce à la bienveillante intervention du Gouvernement et ce progrès ira certainement en s'accentuant. Notre Directeur-général de l'Agriculture, secondé par les meil-

leurs volontés, s'occupe activement du perfectionnement à apporter dans l'enseignement agricole en
général. Nos écoles ambulantes n'ont pas été oubliées.
Déjà elles ont obtenu des faveurs spéciales pour un
outillage meilleur. Des mesures ont été prises concernant la bonne installation dans les villages, enfin
une sensible amélioration a été apportée dans la situation du personnel enseignant.

Cet enseignement populaire est tout à la louange
du Gouvernement: sa sollicitude spéciale pour l'élé-
ment intéressant peu fortuné de nos campagnes, a
été pour le cultivateur un immense bienfait. En s'occupant des humbles, des travailleurs dont le sort est
si pénible, le Gouvernement a posé un grand acte
d'humanité et s'est acquis des droits, qui ne seront
pas oubliés, à la reconnaissance des campagnards.

Les écoles professionnelles ambulantes d'agriculture en Belgique

RAPPORT DE M. C. JOURNEE,

INGÉNIEUR AGRICOLE,
PROFESSEUR A L'INSTITUT AGRICOLE DE L'ÉTAT A GEMBLOUX.

Depuis un quart de siècle, tous les pays où l'agriculture est en honneur se sont attachés à développer et à perfectionner l'enseignement agricole.

La Belgique n'est pas restée en arrière. Le Gouvernement a compris l'importance primordiale de ce grand levier du progrès agricole ; il a toujours eu la préoccupation de prendre les mesures nécessaires pour mettre cet enseignement mieux en harmonie avec les exigences et le développement de l'agriculture.

La loi du 4 avril 1890 a réorganisé, sur des bases nouvelles, l'enseignement à tous les degrés, mais depuis lors de nombreuses améliorations ont été apportées et diverses mesures pratiques ont été prises (1).

Par leur intervention pécuniaire et administrative dans l'orgnaisation et le développement de l'enseignement, les pouvoirs publics ont exercé et exercent

---

(1) Les divers arrêtés, programmes, etc. relatifs à l'enseignement agricole sont publiés en fascicules. Ils sont délivrés gratuitement par l'administration de l'agriculture.

encore une action considérable sur le progrès agricole (2).

L'Etat possède plusieurs établissements d'enseignement agricole, mais il faut remarquer qu'il encourage, par voie de subsides, les institutions libres, les sociétés agricoles, les provinces, les communes, en un mot, les organismes de tout genre qui organisent cet enseignement. L'octroi et l'importance des subsides sont subordonnés à certaines conditions parmi lesquelles nous signalons : le droit de contrôle par les agents de l'autorité supérieure.

* * *

Le but de cette note est de montrer l'importance de l'enseignement professionnel agricole populaire en Belgique et de faire connaître un type d'école professionnelle qui donne d'excellents résultats depuis plusieurs années. Nous croyons cependant utile de donner, d'une façon très succinte, quelques renseignements sur l'organisation générale de l'enseignement à tous les degrés.

Il comprend :

1° L'enseignement de l'agriculture dans les écoles et institutions d'enseignement général.

Par cet enseignement on cherche à donner aux élèves des notions élémentaires d'agronomie. Ces cours comportent l'étude des sciences naturelles appliquées à l'agriculture. Ils sont donnés dans les écoles primaires rurales, dans les écoles moyennes et les athénées de

---

(2) On estime que la production agricole belge a augmenté de 30 o/o depuis 30 ans.

Il existe actuellement près de 6000 sociétés d'intérêt agricole, toutes, sauf quelques rares exceptions, dues à la libre initiative des catholiques. Ces progrès dans la production agricole et le grand développement pris par les associations sont dus en bonne partie à l'enseignement.

l'Etat ainsi que dans de nombreux établissements libres du degré moyen.

2° L'enseignement agricole professionnel scientifique.

Outre deux écoles supérieures d'agriculture, dont le but est de former des jeunes gens en vue de la gestion de grands domaines, de la direction des industries agricoles ou en vue de l'enseignement et des recherches scientifiques; il existe différentes écoles du degré moyen préparant les fils de fermiers à l'exercice intelligent de leur profession.

3° L'enseignement professionnel populaire.

Il a pour but de permettre aux jeunes gens, à leur sortie de l'école primaire, d'acquérir les éléments de sciences nécessaires à la bonne formation du cultivateur,

Il est donné dans les sections professionnelles proprement dites.

C'est cet enseignement que nous allons faire connaître.

4° Les conférences et cours publics aux adultes.

Cet enseignement s'adresse surtout aux praticiens qui n'ont pas eu l'occasion de fréquenter une école professionnelle. Ces conférences sont aussi très utiles pour les cultivateurs qui ont reçu des notions scientifiques à l'école professionnelle, car elles leur permettent de se tenir au courant des progrès nouveaux.

Cet enseignement agricole à tous les degrés a amené des transformations et des améliorations profondes dans les méthodes culturales, il a puissamment contribué au relèvement des classes rurales et placé l'agriculture au rang des industries les plus prospères.

La Belgique est un pays de petite culture. Le plus grand nombre des exploitants ne possèdent pas les ressources suffisantes pour faire donner à leurs enfants l'enseignement professionnel dans les écoles du degré supérieur ou moyen. D'un autre côté, les cours d'agriculture primaires, les cours d'agronomie aux adultes, ceux d'aviculture, d'apiculture, de maréchalerie et les conférences spéciales ne comportent qu'une partie des connaissances scientifiques, techniques et économiques nécessaires à la formation de cultivateurs instruits, à même de raisonner toutes les opérations de la ferme.

De là, la nécessité d'établir un enseignement complet, d'organiser des écoles professionnelles d'un accès facile, où la masse des jeunes cultivateurs pourra acqué-rir aisément et sans frais, une instruction agricole plus développée.

Ce desideratum a été réalisé par l'institution des sections agricoles primaires et des écoles profession-nelles volantes d'agriculture.

Les sections agricoles primaires sont en général instituées dans les centres ruraux importants, auprès des écoles publiques ou privées du degré primaire. Leur enseignement s'adresse aux jeunes gens munis d'un diplôme d'études primaires complètes, âgés de 14 ans au moins.

Les écoles professionnelles ambulantes ont un pro-gramme plus complet, les élèves ne sont admis qu'à l'âge de 15 ou 16 ans. Cet enseignement s'adresse à des jeunes gens ou des adultes qui veulent acquérir une instruction professionnelle plus étendue.

Nous donnons, ci dessous, en résumé, l'organisation générale et les traits caractéristiques d'une école de ce genre.

1° L'organisation de cet enseignement repose sur ce principe capital: donner des cours suffisamment complets aux cultivateurs, en les distrayant le moins possible de leur exploitation et à l'époque à laquelle ils ont le plus de loisirs.

Les cours se donnent en hiver, de préférence au centre d'une région, pour permettre aux élèves les plus éloignés de se servir des communications par voie ferrée.

2º L'école est volante. Elle s'établit là où elle réunit un minimum de quinze élèves.

3º Les cours sont gratuits. Les frais de cet enseignement sont supportés par l'Etat, la province, la commune, siège du cours et les sociétés agricoles.

4º La durée du cours est de trois mois au minimum. Il est donné trois heures de leçon par jour, aux heures qui conviennent le mieux à la majorité des élèves.

5º La direction est confiée à l'agrnoome de l'Etat. Les cours principaux sont donnés par un ingénieur agricole spécialement préparé à cet enseignement et au courant des pratiques agricoles de la région. Certains cours sont dnonés par des spécialistes.

6º Le programme est adapté aux besoins réels de la culture de la région. On veille, avant tout, à n'enseigner que des notions applicables à la ferme.

Le programme comprend l'étude des connaissances nécessaires pour faire de la culture raïsonnée, pour faire un élevage rationnel, pour utiliser les machines agricoles avec succès et tenir une comptabilité agricole, etc.

Ci dessous, dans ses grandes lignes un programme pouvant servir de guide. Comme nous l'avons fait remarquer plus haut, ce programme varie suivant les régions.

I. a) Notions de physique, de chimie et de botanique.

b) Notions de météorologie et de climatologie

II. Exploitation de la plante.

a) Notions d'agrologie.
b) Les labours.
c) Notions de phisiologie végétale.
d) Etude de la graine. Sélection, etc.
e) L'alimentation de la plante. Les engrais.
f) Les maladies des plantes. Remèdes.
g) Les cultures de la région (sol, engrais, semailles,
    soins d'entretien pendant la croissance, récolte
    et conservation des produits).

III. Exploitation des animaux.

a) Notions d'anatomie et de physiologie animale.
b) Alimentation des animaux domestiques.
c) Hygiène.
d) Etude des différentes spéculations animales.
e) L'amélioration des animaux.
f) Les maladies contagieuses et police sanitaire. Etc.

IV. Divers.

a) La comptabilité.
b) La mécanique agricole.
c) La laiterie.
d) Législation agricole.

L'enseignement est avant tout intuitif, on multiplie les démonstrations pratiques, et l'on cherche par tous les moyens à développer chez le futur fermier l'initiative et l'esprit d'observation si nécessaires dans cette profession.

La formation professionnelle est complétée par des visites de fermes, de concours d'animaux, de foires, d'expositions, d'ateliers de construction de machines agricoles, etc.

Des écoles de ce type fonctionnent avec succès depuis 1904, elles sont fréquentées par un grand nombre d'élèves et produisent d'excellents résultats.

III

Œuvres d'Enseignement post-scolaire

L'extension universitaire Belge

RAPPORT DE M. OSCAR LAMBOT,
INGÉNIEUR.

L'ascension progressive des classes laborieuses vers
un plus grand bien être moral, intellectuel et matériel,
est un problème social qui préoccupe les esprits éclairés de tous les pays. C'est l'honneur de la Belgique
d'avoir été, parmi les nations, l'une des premières à
apporter aux diverses faces de ce vaste problème les
solutions les plus généreuses.

Parmi les œuvres post-scolaires qui tendent à parfaire la formation intellectuelle et morale du peuple,
il faut citer l'œuvre importante et si répandue dans
notre pays des extensions universitaires. Les universités de l'Etat, les universités libres, des instituts particuliers, des initiatives privées l'ont réalisée depuis
plus de dix ans, en des organismes dont l'action revêt
des modalités diverses. Mais l'esprit qui les anime
offre ce caractère commun : un grand dévoûment envers
le peuple. Il serait puéril de nier que chacun d'eux y
ajoute le souci de défendre un idéal religieux ou philosophique particulier.

Parmi ces organismes figure en bonne place l'Extension universitaire belge (E. U. B.), fondée à Schaerbeek
(Bruxelles), en 1900, par quelques catholiques zélés.

A la tête de l'œuvre, un comité, formé de nombreuses notabilités scientifiques, lui assurait les patronages né-cessaires; un comité central devait s'occuper de l'ad-ministration générale et notamment de la propagande et de la répartition des souscriptions et des subsides aux divers comités locaux; ceux-ci, qui complétaient l'organisation, devaient jouir d'une grande autonomie.

L'esprit dans lequel l'œuvre fut conçue a été carac-térisé par l'un des fondateurs dans ces termes:

« Il importe que nous usions des moyens que nous donne notre époque pour attirer vers l'Église le grand nombre d'incertains et d'inquiets qui sont à la recher-che de la vérité. Même en étudiant les questions les plus étrangères à notre religion et à notre morale, nous montrerons que ni cette religion ni cette morale ne nous empêchent d'avoir recours aux bonnes méthodes scientifiques et de pousser, aussi loin, sinon plus loin que les autres, la recherche de la vérité dans tous les ordres de la connaissance. »

« Nous ne ferons pas œuvre de politique, car nous ne formerons pas une association électorale. Notre but sera plus haut et plus noble. Notre influence pénétrera plus profondément dans les couches profondes de la population. La vérité scientifique n'a aucun caractère politique ni confessionnel; les conclusions véritable-ment scientifiques ne sont pas contre nous. A nous de le montrer avec la plus grande sincérité et la plus grande probité. Si nous traitons les questions philoso-phiques ou morales, littéraires ou artistiques, nous le ferons toujours en ayant devant les yeux l'idéal de la vérité et de la beauté. Et nous formerons ainsi une œuvre de pénétration, directe parfois, indirecte souvent, dans le sens du catholicisme. »

Le premier des comités locaux de l'E. U. B. fut

celui de Schaerbeek dont l'œuvre prit le nom d' « Institut populaire ». Le but de ses promoteurs était de mettre à la portée du peuple, sous une forme élémentaire mais rigoureusement scientifique, le programme de l'enseignement universitaire: philosophie, sciences, littérature, droit, histoire, etc.

Cet institut était donc une véritable université populaire. Chaque séance comportait un cours proprement dit, suivi d'une conférence qui en formait comme le complément. Une année d'expérience suffit pour montrer que la faveur du public allait surtout aux conférenciers. Tous les comités locaux qui se formèrent dans la suite constatèrent le même fait. Il semble bien démontré que la conférence est la forme la plus adéquate de l'enseignement populaire.

Les comités locaux qui se formèrent après celui de Schaerbeek furent ceux de St-Gilles, Anderlecht, Etterbeek, Ixelles, Bruxelles et Vilvorde, fondés en 1902. Ils appartenaient tous à l'agglomération bruxelloise. Ceux de Schaerbeek, d'Anderlecht, d'Ixelles et de Bruxelles ne fonctionnent plus; par contre, une section créée en 1911 à Bruxelles-Ouest s'est rattachée spontanément à l'E. V. B.

Aussi bien, depuis l'époque de sa fondation, le fonctionnement de l'E. U. B. a subi de profondes modifications. Faut-il en accuser le souci — bien belge — d'une autonomie jalousement défendue, mais le comité de patronage et le comité central ont cessé en fait leurs fonctions et les comités locaux qui ont seuls prospéré (St-Gilles, Etterbeek, Bruxelles-Ouest et Vilvorde) sont devenus absolument autonomes et ne conservent que des relations de courtoisie (échange de programmes, renseignements sur les conférenciers, etc.).

Toutes ces sections de l'E. U. B. fonctionnent à peu près de la même manière. Une conférence hebdomadaire se donne pendant les mois d'hiver; à ces conférences, dont l'organisation absorbe la grosse part de l'activité du comité, viennent s'ajouter, ici des visites aux musées ou aux établissements scientifiques, là des séances musicales ou récréatives, ailleurs encore des excursions en province. La section récente de Bruxelles-Ouest publie même un bulletin mensuel comme un utile complément des conférences; les abonnés y trouvent un résumé de ces conférences, des études de vulgarisation, une chronique intéressant chacun à la vie de l'œuvre.

Il semble bien que les efforts si ingénieux et si variés ne doivent pas être dépensés en vain et qu'après avoir surmonté les difficultés du début, l'œuvre de l'E. U. B. soit appelée au plus brillant avenir.

Il ne sera pas sans intérêt, après cet aperçu général sur l'E. U. B., d'exposer avec quelques détails le fonctionnement d'une section, celle d'Etterbeek, dont nous avons l'honneur d'être le vice-président. Une telle monographie permettra au lecteur de se faire une idée exacte des conditions de vie d'une Extension locale, des difficultés qu'elle rencontre, des succès qu'elle peut escompter.

La section d'Etterbeek fut fondée en 1902. Ses promoteurs voulaient que leur œuvre se rapprochât le plus possible de l'idéal où doit tendre toute extension universitaire : constituer surtout, sinon uniquement, une école d'enseignement populaire, ouvrant aux humbles des perspectives sur ce domaine des Sciences réservé jusqu'aujourd'hui aux classes plus favorisées de la fortune.

L'expérience réalisée en 1900-1901 par le premier comité local, celui de Schaerbeek, devait faire écarter à priori le système des «leçons» proprement dites. On essaya le système des « séries » de conférences, dont chaque cycle englobait une même matière. Le succès ne vint pas; le public lassé désertait les dernières conférences de chaque série, bien que le comité eût organisé, comme une prime à l'assiduité, une tombola annuelle de livres; à chaque séance les auditeurs recevaient un billet gratuit. L'initiative n'eut pas les heureux effets qu'on en attendait; elle était onéreuse pour un budget dont l'équilibre est toujours difficile. Cette tombola est aujourd'hui supprimée, sans qu'aucun inconvénient en soit résulté pour la prospérité de l'œuvre.

Depuis six ans le comité s'en est tenu aux conférences proprement dites et s'est toujours refusé à transformer les séances en de simples réunions d'agrément sans profit éducatif. Quelques rares séances, une ou deux par an, consacrées à la musique et à l'art dramatique, viennent pourtant rompre utilement la suite des conférences d'un caractère purement scientifique, mais elles comportent toujours une conférence destinée à assurer le côté instructif des réunions.

Les conférences sont hebdomadaires et se donnent pendant les mois d'hiver, le mercredi soir; la moyenne est de vingt-cinq par an. La Sociologie, l'Histoire, la Géographie, les Sciences physiques et naturelles, les Sciences appliquées, l'Art et la Littérature en forment la matière. La plupart sont accompagnées de projections lumineuses fixes ou cinématographiques.

La moyenne annuelle des auditeurs est d'à peu près trois mille. Ce chiffre est des plus satisfaisants, car il faut tenir compte des distractions si nombreuses et si variées qu'offre une grande ville.

Malheureusement ces auditeurs ne sont pas des ouvriers; ils appartiennent, pour la presque totalité, à la petite bourgeoisie. Le comité a essayé d'attirer les membres des patronages de jeunes ouvriers, en créant des cartes d'abonnement d'un prix minime (vingt-cinq centimes pour toute la série des conférences); le succès n'est pas venu et le nombre de ces cartes démocratiques vendues annuellement n'atteint pas la douzaine. Il semble bien démontré que les syndicats, les unions professionnelles, les patronages, sont, mieux que les extensions universitaires, le milieu favorable à l'organisation d'un enseignement populaire proprement dit.

Les auditeurs se répartissent en trois groupes: celui des membres honoraires, payant une cotisation annuelle et personnelle de cinq francs; celui des membres auditeurs, payant une cotisation de deux francs; celui des membres libres, payant une taxe hebdomadaire de dix centimes. Cette taxe est en réalité un droit de police destiné à écarter des séances les désœuvrés, dont la présence pourrait troubler le bon ordre et le silence nécessaires.

Les membres honoraires et auditeurs reçoivent chaque mois la liste imprimée des conférences du mois; cette liste est aussi envoyée à quelques journaux qui veulent bien en publier un extrait hebdomadaire.

Telle est, dans ses grandes lignes, l'organisation d'une section de l'E. U. B. Cette organisation est le fruit d'une expérience de plus de dix années. On peut croire que cette expérience et le dévoûment de tous ses promoteurs assureront dans l'avenir à l'E. U. B. les succès que mérite une œuvre aussi utile.

❖ ❖ ❖

Il re te à dire un mot des autres sections de l'E. U. B.

La section St-Gilloise ouvrit ses cours en novembre 1902.

Au début, chaque séance comprenait un cours suivi d'une conférence. Dans l'esprit des organisateurs, les cours devaient avoir successivement pour objet les principales matières de l'enseignement supérieur, mais mises à la portée de tous les auditeurs ; les conférences devaient être le complément des cours. C'est ainsi qu'en 1902-1903, 4 séances furent consacrées à un rapide aperçu de l'histoire contemporaine. Le cours de droit administratif et constitutionnel remplit aussi 4 séances ; celui d'hygiène et de médecine pratique, 5 auditeurs aux grands principes de la physique, de la chimie, de la mécanique ; des littérateurs furent invités à parler de l'histoire littéraire.

Bientôt cependant, il fallut renoncer aux cours et s'en tenir aux seules conférences. Mais, depuis dix ans, tous les domaines ont été parcourus par les conférenciers : lettres, arts, archéologie, voyages, sciences naturelles, sociales et économiques, histoire, politique, philosophie, etc., etc. Nihil intentatum liquera...

D'ordinaire, les conférenciers appartiennent au monde des universités, des écoles supérieures, des lettres et des arts.

Voici une statistique intéressante de l'activité de la section.

ANNÉES	COURS ; CONFÉRENCES	MEMBRES
1902	32	53
1903	34	67
1904	30	109
1905	34	93
1906	36	124

ANNÉES	COURS ; CONFÉRENCES	MEMBRES
1907	38	140
1908	35	128
1909	35	170
1910	40	257
1911	37	325

En dehors des conférences, les membres sont invités à des excursions que la section organise. Ces promenades, récréations pour une part, ne laissent pas
d'avoir un objet d'instruction artistique, archéologi-
que, historique ou autre. Elles sont hautement appré-
ciées par les auditeurs.

Il faut ajouter que le budget de la section est alimen-
té par des contributions libres et se boucle parfois
avec quelque peine. Mais les résultats atteints, le succès des conférences font espérer une amélioration matérielle sensible (1).

La section de Vilvorde fut fondée en 1903. Elle a
constitué primitivement une filiale de l'E. U. B., mais
depuis 1906, elle a continué ses travaux par ses propres moyens. D'ailleurs son objet n'est pas différend
des autres et comme la ville de Vilvorde se trouve
dans la banlieue de Bruxelles, les rapports entre les
diverses sections, ou mieux entre les diverses E. U. sont
aisés. Il se fait entre elles un échange amical d'invita-
tions aux conférences. Le recrutement des conférenciers en est singulièrement facilité. Aussi l'E. U. de
Vilvorde est-elle prospère. Grâce au dévoûment intelligent de son secrétaire M. J. Nauwelaers, elle ne doit
pas craindre l'avenir. Les auditeurs de la petite ville

---

(1) Tous ces détails sont empruntés au rapport imprimé de M. Quentin, président de la section, dont je dois la communication à l'amabilité de M. Grey-
mans, secrétaire.

montrent un goût pariculier pour les conférences accompagnées de projections lumineuses ou d'auditions musicales. Aussi est-ce de ce côté qu'il a fallu orienter l'E. U. de Vilvorde. Voici, à titre d'exemple, les sujets de conférences faites depuis 1910-1911 :

Année 1910-1911

M. Paul Serveau — François Coppée.
M. Vincent — Vers le Pôle Nord — Proj. lum.
M. Delannoy — Jérusalem, P. L.
M. Vanderburght — Châteaux historiques en Suisse Proj. lum.
M. Th. Gollier — L'Islam, P. L.
Chan. Vandengheyn — Oberammergau, P. L.
M. Pierre Nothomb — Une aventure belge au XIXe siècle.
M. Henri Davignon — Charles De Coster.
M. Robert Reisdorff — Chantecler.

Année 1911-1912

Léon Coenen — La Tunisie, P. L.
Mme Mathot — En automobile au Tyrol, P. L.
M. Paul Collaer — Claude Debussy — Audition musicale.
P. Van Heede — Le Congo belge, P. L.
Callewaert — Le féminisme.
Paul Wissaert — Les Alpes valaisanes, P. L.
Charles Collard — La Police Scientifique, P. L.
Capitaine Preud'homme — Voyage dans l'Uelé, Proj. lum.
Capitaine Pontus — En Chine P. L.

L'assistance aux conférences est gratuite. Les frais

sont couverts par les dons de personnes dévouées: leur contribution s'élève pour la plupart à 5 francs l'an. La députation permanente du Conseil provincial intervient par un léger subside.

Les ressources en argent ne sont donc pas considérables et les conférenciers payent généralement de leur personne au lieu d'être payés, ce qui ne nuit pas à la beauté de l'œuvre (1).

Quel est l'auditoire ordinaire de ces conférences? Vilvorde est une commune flamande et l'ouvrier y parle le flamand. Les conférences se font en français et s'adressent donc presque exclusivement à la petite bourgeoisie, comme c'est le cas dans les autres E. U. dont il est question ici.

Pour atteindre l'ouvrier, il faut lui parler la langue qu'il connaît le mieux et tout effort pour le toucher autrement reste, je crois, stérille. Dura lex, si l'on veut, mais c'est une loi sociale avec laquelle il sera toujours impérieusement nécessaire de compter. Qui veut élever les petits et les humbles jusqu'à soi, doit se pencher d'abord vers eux.

* * *

La section Bruxelles-Ouest de l'E. U. B. fut inaugurée en 1911. Elle s'est acquis le concours de nombreux orateurs de talent; grâce à eux, l'œuvre a pu remplir avec succès sa saine et utile mission de vulgarisation.

Plusieurs centaines d'auditeurs suivent régulièrement les conférences hebdomadaires; toutes les classes sociales s'y confondent dans un même désir d'apprendre.

Le comité de cette section a fait plus. Considérant

---

(1) La plupart des renseignements cités m'ont été transmis avec une serviabilité à laquelle je rends hommage par M. Nauwelaers.

qu'il est impossible à tous les membres de suivre régulièrement les conférences, il publie un bulletin mensuel (1 fr. l'an) qui les résume à peu près toutes, donne des extraits de certaines d'entre elles et renferme d'autres études de vulgarisation.

Cette œuvre coûtant plus cher ne peut assurer la gratuité aux auditeurs qui sont tenus de payer leurs entrées. Le prix n'en est pas élevé : pour les personnes non inscrites, 10, 25 ou 50 centimes, suivant l'importance des frais.

La section Bruxelles-Ouest atteint en membres protecteurs et auditeurs le chiffre de 500 (1).

Pendant les mois d'hiver la série des conférences y est ininterrompue. Pendant l'été des excursions intéressantes réunissent les membres pour des visites aux expositions d'art, aux musées, aux sites belges célèbres.

____

(1) Tous ces renseignements sont puisés dans les numéros 1 à 6 du Bulletin de la section.

La Ligue des Extensions Universitaires catholiques Flamandes

RAPPORT DE M. L'ABBÉ VAN ROEY,

SECRÉTAIRE DE LA LIGUE DES EXTENSIONS UNIVERSITAIRES
FLAMANDES.

Parmi les institutions d'instruction et d'éducation populaires complémentaires des écoles primaires, l'œuvre des E. U. C. F. mérite, croyons-nous, d'être signalée, à cause de son étonnante vitalité.

Nous retracerons en quelques lignes son histoire, nous ferons connaitre son organisation et son programme, nous indiquerons les résultats obtenus.

I. — Historique, Origines et développement.

Pour comprendre et apprécier une œuvre il faut connaitre le milieu où elle est née, les circonstances spéciales dans lesquelles elle s'est développée, les besoins généraux et locaux auxquelles elle répond. Cela est surtout vrai pour tout ce qui regarde l'instruction et l'éducation de la population flamande en Belgique.

Tandis que le français a été adopté comme la langue véhiculaire de l'enseignement primaire dans les provinces wallonnes, et le flamand dans les provinces flamandes, le français était, il y a peu d'années encore, la langue unique de l'enseignement moyen et de l'enseignement supérieur, tant libre qu'officiel.

Ces dernières années, quelques modifications ont été introduites dans l'enseignement moyen; un petit nombre de cours sont donnés en flamand à l'Université libre de Louvain; mais la situation est, encore en ce moment, tout-à-fait anormale.

Ce système d'enseignement, si défectueux au point de vue pédagogique, a eu des conséquences très funeste: la masse de la population flamande, privée d'un moyen de communication facile avec le mouvement des idées, a été frustrée d'une culture scientifique nécessaire en nos temps, et un enseignement professionnel suffisant a été rendu impossible. D'autre part, les personnes instruites elles-mêmes, incomplètement préparées à leur mission, se sont vues forcées de combler, par un pénible travail personnel, la lacune de leur propre formation intellectuelle.

Heureusement le peuple flamand a pris conscience **de lui-même**. Le mouvement flamand, né aux jours de notre indépendance nationale, plutôt littéraire dans ses débuts, s'est transformé en un puissant mouvement national, poursuivant le relèvement du peuple flamand dans tous les domaines. Les chefs du mouvement ont compris que la régénération et le relèvement doit s'accomplir, avant tout, dans le domaine intellectuel, par un enseignement complet en flamand; et sans attendre que les pouvoirs publics aient introduit une organisation nouvelle, qui réponde aux aspirations et aux revendications de la population fla-

mandes et qui satisfasse à tous les besoins sociaux
et économiques, l'initiative privée a pris les devants
par la création d'œuvres, qui préparent, par une transition lente, la réorganisation complète qui relèvera
la race flamande.

Parmi ces œuvres, une des plus intéressantes est
l'œuvre des E. U. C. F. La situation que nous venons
d'esquisser démontre son urgente nécessité, en même
temps qu'elle fait entrevoir les difficultés spéciales
qui s'opposent à son organisation et à son succès.

***

L'E. U. C. F. est une œuvre d'initiative privée,
sans lien officiel avec aucun établissement d'enseignement supérieur. Fondée à Anvers, en 1898, l'œuvre
prit bientôt un développement considérable, grâce au
travail persévérant de ses organisateurs, grâce aussi
à l'appui moral que lui prêtèrent plusieurs des professeurs les plus distingués de nos Universités libre et
officielles.

Au début de sa 10ᵉ année académique (Novembre
1907) l'E. U. d'Anvers jugea le moment venu de
convoquer un congrès d'E. U., pour faire connaître
l'œuvre et la propager au dehors.

Le congrès porta les meilleurs fruits : il jeta les
bases d'une fédération ou ligue des E. U. C. F., et
cette même année une E. U. fut fondée à Gand.

L'impulsion était donnée.

En 1909, Louvain, Malines, Ostende, Saint-Nicolas,
Dixmude, Furnes, Saint-Trond entrèrent dans la ligue.

En 1910, ce furent Alost, Lierre, Wetteren.

En 1911, des E. U. C. F. furent fondées à Bruxelles,
Vilvorde, Halle, Tongres, Eecloo, Merxem-lez-Anvers.
La section de Berchem-lez-Anvers fut transformée en
E. U. indépendante.

Deux congrès ont été tenus depuis; le premier, réuni à Saint-Nicolas en 1910, s'est occupé de l'étude des meilleures méthodes de vulgarisation scientifique; le deuxième, réuni à Anvers en 1912, a été consacré principalement à la question de l'E. U. à la campagne: il y fut décidé d'organiser une active propagande dans ce but.

Le moment ne semble plus loin, où l'E. U. C. F. aura conquis tous le pays flamand.

* * *

II. — Organisation et programme.

L'E. U. C. F. est une œuvre *scientifique*. Elle est scientifique par sa composition et par le but qu'elle poursuit. Sont admis comme membres *effecctifs* de l'association ceux qui ont fait des études supérieures complètes, et, par exception, ceux qui, sans avoir fait des études supérieures complètes, possèdent, en l'une ou l'autre matière, une compétence spéciale.

Elle a pour but la vulgarisation des sciences et, par ce moyen, le relèvement intellectuel et moral du peuple.

Ellle est une œuvre *catholique* dans ce sens que ses membres sont catholiques, quoique la plupart de ses conférences et cours soient accessibles à tous, sans distinction d'opinion, et que, par son enseignement, tout en se maintenant sur le terrain purement scientifique, elle contribue, dans les limites de sa compétence, à répandre et à défendre les principes catholiques.

Elle est *flamande* en tant qu'elle ne se sert que de la langue flamande, puisqu'elle s'adresse directement au peuple flamand, et qu'elle a pour but le relèvement intellectuel et moral de ce peuple.

L'E. U. C. F. est aussi une œuvre complètement *indépendante* des autres œuvres, et spécialement des œuvres politiques. Elle veut être une œuvre purement scientifique, et pour conserver ce caractère elle revendique sa complète indépendance.

Sur la base de ces quatres principes fondamentaux une E. U. locale s'organise librement selon les besoins et les circonstances spéciales du milieu. Elle est dirigée par un comité choisi parmi les membres effectifs; elle tâche en outre de s'assurer l'appui moral et matériel des personnes influentes de la localité, qui deviennent membres honoraires ou bienfaiteurs de l'association.

***

Ligue des E. U. C. F.

Les E. U. locales établies sur la base des principes fondamentaux énoncés plus haut, tout en conservant leur complète autonomie, sont affiliées à la *Ligue des E. U. C. F.* Elles sont représentées au sein du Comité central de la ligue par un nombre de délégués proportionné à leur importance respective (maximum 4). Ces délégués élisent un bureau: Président, Vice-président, Secrétaire, Trésorier.

La ligue des E. U. C. F., et subsidiairement les E. U. locales sont placées sous le patronage d'un *conseil scientifique* composé de 36 professeurs des Universités de Louvain, de Gand et de Liége.

La ligue des E. U. C. F. a pour mission de donner une direction générale à toute l'œuvre, de veiller à ce que les œuvres locales ne perdent pas de vue le but scientifique, de maintenir un contact continuel entre les œuvres locales, de leur permettre de se prêter un mutuel secours.

Le but de la ligue est encore d'organiser une propagande active en vue de fonder des E. U. nouvelles, de convoquer des congrès en vue d'étudier les améliorations à apporter à l'organisation de l'œuvre et aux méthodes d'enseignement populaire.

Le *Secrétariat général* est organisé comme *bureau de documentation* et comme *bureau de bibliographie*. Tous les renseignements utiles concernants les conférences et les cours qui ont été donnés, concernant la valeur des conférenciers, et tous autres renseignements pouvant servir à préparer le programme, sont recueillis au Sécrétariat général, et mis à la disposition des E. U. affiliées.

En 1911, la ligue a publié une liste de 406 noms de conférenciers et suejts de conférences et de cours; en 1912 a paru un premier supplément des nouveaux conférenciers, et des sujets traités durant l'année 1911-1912 (n⁰ˢ 407-538). Le Sécrétariat général s'occupe activement de recueillir une bibliographie complète et de former une bibliothèque d'ouvrages de vulgarisation scientifique, pour faciliter le travail de préparation des conférences et cours.

* * *

Programme d'action

Le programme d'action comprend deux parties: le programme d'hiver et le programme d'été.

Le programme d'hiver, depuis octobre jusqu'à Pàques, comporte les conférences et cours du soir; le programme d'été sert de complément au programme d'hiver et comporte les excursions scientifiques ou visites d'étude aux musées, églises, monuments civils et religieux, établissements de commerce et d'industrie, etc. Les visites sont en rapport, autant que possible,

avec les sujets des conférences et les matières enseignées dans les cours de l'hiver.

Pour ce qui concerne les conférences et cours du
soir il faut distinguer:

1º Les *Conférences spéciales* sur sujets divers d'actualité, destinées à un public plus ou moins instruit.

2º Les *groupes ou séries de Conférences* sur un même
sujet.

3º Les *cours méthodiques* consacrés à une science
spéciale.

4º Les *Conférences et cours populaires* proprement
dits, c'est-à-dire destinés à un public qui n'a reçu
qu'un enseignement primaire. Ces conférences et cours
sont donnés généralement dans les locaux d'œuvres
sociales, où se rencontre un auditoire plus homogène,
tels que celcles ouvriers, unions professionnelles, patronages, cercles d'études.

5º Dans les limites de son but scientifique, l'E. U.
contribue aussi à développer dans les milieux ouvriers
l'*enseignement professionnel*.

6º *Sections féminines*. Dans les principaux centres
snot organisés des *sections pour Dames* avec un programme de conférences et cours approprié à l'auditoire.

Méthode

L'enseignement donné par l'E. U. est adapté aux
capacités et aux besoins de l'auditoire. Les conditions
désavantageuses dans lesquelles se sont trouvées longtemps les populations flamandes ont obligé les organisateurs des E. U. à renoncer, dans le début, au
système des cours méthodiques, qui est de règle dans
plupart des E. U. de l'étranger. A mesure cependant
que l'œuvre s'est raffermie et que l'on est parvenu à

former un auditoire, on a ajouté au programme des séries de conférences et des cours méthodiques. Dans les principales E. U. la plus large part est faite aux séries de conférences et aux cours méthodiques : il se manifeste une tendance générale dans cette direction.

Dans tout l'enseignement de l'E. U. C. F. il est fait usage le plus possible de projections lumineuses, dessins et autres moyens d'intuition.

Pour les séries de conférences et les cours méthodiques, il est distribué aux auditeurs, autant que faire se peut, un résumé du cours.

Gratuité de l'enseignement

Jusqu'à ce jour, le principe de la gratuité complète des conférences et des cours a été suivi dans la plupart des E. U. C. F.; il se manifeste cependant une tendance à demander une légère rétribution, au moins pour les cours méthodiques, afin de faire apprécier davantage l'enseignement donné.

***

Publications de la Ligue

I. Tracts mensuels

Un choix de conférences données dans les différentes E. U. affiliées est publié comme : « Verhandelingen der Algemeene K. V. H. U. » (Tracts de la ligue des E. U. C. F.). Ces brochures paraissent chaque mois et contiennent 40-48 pages. Abonnement annuel : 3 frs ; le numéro séparé : 0,25 fr.

Il a été publié jusqu'à ce jour 164 numéros, répandus à 174.000 exemplaires.

II. Organe hebdomadaire

De 1905 à 1911 la ligue a publié une feuille heb-

domadaire : « *Tijdingen der Algemeene K. V. H. U.* »
(Nouvelles de la ligue des E. U. C. F.), tirée à 1200
exemplaires. Cette feuille paraissait chaque samedi
depuis Octobre jusque Mars, (abonnement 0,50 fr.)
et donnait la liste des conférences et leçons de la semaine, ainsi que des articles scientifiques sur sujets
variés. En 1911 cet organe a été remplacé par une
feuille hebdomadaire illustrée « Ons Volk ontwaakt »
paraissant toute l'année. Cette feuille donne la liste
des conférences et des leçons de la semaine, le résumé,
sous forme d'article, des principales conférences, le
portrait des conférenciers, et des reproductions se
rapportant aux conférences.

⁂

III. Brochures de propagande

La ligue des E. U. C. Fl. a publié, sous forme de
brochures de propagande, les rapports présentés aux
congrès de Saint-Nicolas (1910) et d'Anvers (1912).

1° *Wetenschappelijke voordrachten voor het volk*,
(Conférences scientifiques pour le peuple), par M. le
Chanoine Joos, Directeur de l'Ecole Normale de Saint-
Nicolas.

2° *Aard en inrichting der K. V. H. U.*, (La nature
et l'organisation de l'E. U. C. F.), par le Dr L. Van
Puyvelde, Président de la ligue des E. U. C. F.

Welke onderwerpen worden best behandeld, (Le programme de l'E. U. C. F.), par le Dr A. van Roey, secrétaire de la ligue.

3° *De Hoogeschooluitbreiding op den buiten*, (L'E. U.
à la campagne), par M. l'Avocat A. De Vos, Vice-président de la ligue.

4° *De taak der K. V. H. U. te midden de andere
Katholieke Vlaamsche Inrichtingen*, (Le rôle de l'E.

U. C. F. au milieu des autres œuvres catholiques flamandes), par le Dr G. Lefèvre, Secrétaire de l'E. U. d'Ostende.

***

III. Résultats obtenus

Le nombre des E. U. affiliées à la Ligue est de 19, réparties comme suit:

Anvers: 5 — Anvers, Malines, Lierre, Berchem, Merxem.

Brabant: 4 — Bruxelles, Louvain, Vilvorde, Hal.

Flandre Orientale: 5 — Gand, Saint-Nicolas, Alost, Wetteren, Eecloo.

Flandre Occidentale: 3 — Ostende, Dixmude, Furnes.

Limbourg: 2 — Saint-Trond, Tongres.

Bruges, Courtrai, Ypres possèdent une organisation indépendante. Sous peu une E. U. sera fondée à Tirlemont, Aarschot, Audenarde, Hasselt.

Grâce au dernier congrès d'E. U. réuni à Anvers, le mouvement s'étend à la campagne. Un comité s'est constitué pour le pays de Waes, un autre pour la Campine Anversoise; des conférences ont été organisées dans différentes localités, par exemple Turnhout et Hérenthals. Le temps ne semble plus loin où chaque localité de quelque importance possédera son E. U. C. F.

Quelques chiffres feront voir l'importance croissante de l'activité déployée par les différentes E. U. affiliées à la Ligue.

Durant les années 1898-1907, l'E. U. d'Anvers avait organisé: conférences et leçons publiques: 557; auditeurs: 33110.

Enseignement populaire et professionnel: conférences et leçons: 839; auditeurs: 24020.

L' E. U. d'Anvers, la plus ancienne, possède l'organisation la plus complète. Elle a fondé successivement:

Une école de haut enseignement religieux.

Une école de sociologie.

Une école pour infirmières.

Une école pour Dames.

Le programme annuel des autres E. U. comprend généralement trois partie: conférences publiques sur sujet d'actualité; conférences données aux membres des cercles ouvriers, unions professionnelles, cercles d'étude, patronages de jeunes gens; cours méthodiques d'intérêt général ou local.

Trois E. U. possèdent une section pour Dames: Anvers, Gand, Malines.

Les matières des cours sont très variées: psychologie, éducation familiale, apologétique, sociologie, économie politique, droit civil, droit commercial, législation ouvrière, médecine, hygiène, soins aux malades à domicile, soins en cas d'accident, littérature nationale et étrangère, histoire de l'art, arts appliqués, physique, mécaniques, botanique, histoire nationale et étrangère, sciences coloniales, géographie etc.

En 1910-11, dans les 13 E. U. affiliées à la Ligue, il a été organisé: 110 conférences, la moitié avec projections lumineuses; nombre d'auditeurs: 19.200.

En 1911-12, le nombre des E. U. affiliées à la Ligue était de 19. Conférences: 270, dont 150 avec projections lumineuses; nombre d'auditeurs: 36.450; 40 cours méthodiques, comprenant 400 leçons avec environ 30.000.

En 1912-13, le mouvement s'est étendu au pays de Waes et à la Campine Anversoise.

Ces résultats sont très encourageants pour les organisateurs et les conférenciers des E. U. C. F., et sont

\ine preuve éclatante de la vie nouvelle qui se manifeste chez le peuple flamand, pleine de promesses pour
l'avenir.

VŒU.

S il est permis de terminer ce rapport par un vœu,
nous souhaiterions voir les auditeurs des E. U. C. F.
prendre une part plus active à l'enseignement. Ce résultat pourrait être obtenu : 1° par des entretiens familiers
ou discussions à la fin de chaque conférence ou leçon ;
2° par la mise à la disposition des auditeurs de livres
scientifiques choisis, pour stimuler le travail personnel.

L'Ecole sociale d'Anvers

RAPPORT DE M. L'ABBÉ FLOR. PRIMS.

En 1907, l'Extension Universitaire Catholique flamande d'Anvers, prit l'initiative de la création d'un institut qui se consacrerait à l'enseignement populaire de l'économie politique et de la morale sociale. De novembre à la semaine Sainte, on donnerait des leçons, trois jours par semaine, de 8 1/2 à 10 heures du soir. Les élèves payeraient une cotisation et s'engageraient à suivre régulièrement les cours. Les leçons formeraient une suite logique et seraient secondées de canevas et de littérature distribuée gratuitement.

Telle était le plan de notre entreprise. Elle a réussi et s'est développée et continue à nous faire espérer mieux encore dans un avenir prochain.

La première année il y eut trois cours : *La morale sociale* (R. P. de Roover), *L'Economie politique* (M. A. Rutten), *La législation sociale belge* (M. Ver Hees). Nous comptions environ 50 inscriptions.

La seconde année (1908-1909) fut consacrée à l'é-

tude des problèmes sociaux pratiquement posés, con-
sacrant à chaque question une série de 3 leçons.
Les inscriptions furent encore assez nombreuses mais
l'assistance aux leçons fut moins régulière.

En 1909-1910, nos cours furent plus spécialement
consacrés aux œuvres et à la formation de conférenciers sociaux. Le premier trimestre fut consacré à
l'étude et le second à l'exercice pratique., Chaque
dimanche de janvier, février et mars nous nous ren-
dions en groupe à tel patronage ou tel cercle ouvrier
et un de nos élèves y donnait une conférence. Après
celle-ci nous nous réunissions et échangions nos remarques sur le plan, l'exposé, le développement, le
ton général de la conférence donnée. Enfin nous orga-
nisions deux soirées d'éducation populaire dans les
quartiers ouvriers d'Anvers. Comme sujet nous avions
pris le chef-d'œuvre de WEBER, *Dertienlinden* (tra-
duction de De Lepeleer). La soirée consistait en une
conférence sur l'auteur et son œuvre (avec projections
lumineuses), représentation dramatique des plus beaux
passages, exécution de chants sur textes empruntés
au poème. Au public nous distribuïons une jolie bro-
chure contenant les meilleurs extraits de l'œuvre et
le texte des chants.

La quatrième année (1910-1911) fut uniquement
vouée à l'étude. Il y eut deux séries de cours: une
première série théorique étudiant le fait économique,
l'économie politique telle que nous la vivons; et une
seconde série pratique, que nous intitulions: le travail
social pratique dans les grandes agglomérations urbaines.

Les inscriptions montèrent à 90.

En 1911-1912 nous prenions comme sujet d'étude
l'encyclique *Rerum Novarum*. Pour la première fois

nous eûmes au delà de cent inscriptions, et nos cours furent fréquentés par plus d'un adversaire de nos idées sociales chrétiennes. Et nous pouvions enrégistrer leur témoignage que nos études allaient au fond des choses et que notre école ne craignait nullement la discussion sérieuse.

Enfin, en 1912-1913, nous croyions pouvoir instaurer des examens de sortie en vue d'organiser en 1913-1914 deux cours, inférieur et supérieur. Le programme comportait l'étude générale de la question sociale avec étude spéciale : l'idée socialiste-marxiste et la solution chrétienne. Le nombre d'inscriptions dépassait toutes nos espérances et le local primitif devait être abandonné. Nous groupions environ 150 élèves, dont 90 suivent régulièrement les cours. Notre tentative d'examen réussira-t-elle ? Nous ne le savons encore, mais nous le considérons comme important en vue du développement futur de l'école et le zèle de notre public nous fait espérer pleine réussite.

Quant au public qui suit nos cours, nous y relevons les ouvriers, un tier environ de l'auditoire, les hommes d'œuvres des patronages et des cercles ouvriers, des étudiants, des instituteurs. Sans oublier les dames, assez nombreuses surtout aux cours de cette dernière année. Un quart environ de nos élèves ont assistés trois ou deux années de suite aux leçons et il y en a une dizaine qui dès la première année se sont inscrits et renouvellent chaque année leur inscription.

Les leçons furent presque toujours suivies de discussions, mais il est à remarquer que bien souvent cette discussion ne roulait que sur des points accessoires et ne prit que rarement l'extension que nous aurions bien voulue.

Notre œuvre, certes, n'est pas parfaite, ma relation

même en montre les tâtonnements, mais il faut reconnaître que nous sommes parvenus à répondre bien des idées saines, à ouvrir bien des intelligences, à former bien des propagandistes au service de la cause sociale chrétienne.

Nous croyions donc utile de soumettre au Congrès les leçons de notre expérience, et nous espérons profiter de toutes les considérations que les membres de cette assemblée, dévoués tous à la grande œuvre de l'éducation populaire, voudront bien nous faire.

Un Collège pour Travailleurs
à l'instar du " Working Men's College " de Londres

RAPPORT DE M. P. PEIREN,

DÉLÉGUÉ A LA PROTECTION DE L'ENFANCE AU TRIBUNAL DE
BRUXELLES ; MEMBRE DU BUREAU DU IIIᵉ CONGRÈS D'ÉDU-
CATION FAMILIALE (BRUXELLES 1910) ET DU IIᵉ CONGRÈS
D'ÉDUCATION MORALE (LA HAYE 1911).

En 1909, une société de professeurs, de littérateurs,
d'artistes, de savants, d'hygiénistes, de sociologues et
d'étudiants universitaires, convaincus de la nécessité
de procurer à l'ouvrier comme à l'employé l'instruction
nécessaire, s'inspirèrent du Working Men's College
de Londres, pour fonder à Bruxelles les « Cours Populaires d'Humanités ». Les débuts furent des plus modestes ; on se contenta, au début, de louer deux classes.
Une quarantaine d'élèves se présentèrent à l'ouverture
des cours. Ceux-ci étaient donnés gratuitement par
les membres du Comité fondateur. Malgré l'augmentation du nombre d'inscriptions, la nouvelle institution, qui avait fixé un droit d'inscription minime et
qui, d'autre part, ne reçut aucun subside, se vit obli-
gée d'écarter un assez grand nombre de demandes.
Il n'était donc pas possible, dans ces conditions, de
donner aux cours populaires l'extension nécessitée par
les nombreuses adhésions. Pour remédier à ce mal, les

cours populaires offriraient volontiers leurs concours à la Fédération Démocratique Chrétienne de l'arrondissement de Bruxelles, tout en proposant une organisation nouvelle, qui se rapproche davantage du Working Men's College de Londres.

Le Working Men's College de Londres décrit, comme suit, dans son dernier bulletin, son but et son organisation : « Les étudiants sont pour la plupart des ouvriers. Les professeurs appartiennent aux Universités ou bien sont d'anciens élèves du Collège. Celui-ci a pour but d'unir les professeurs et les élèves en les associant par le travail commun de l'enseignement et de l'étude. Les professeurs ne reçoivent, pour la plupart, aucun traitement. Les frais d'inscription sont d'environ 3 fr. (2/6) par trimestre pour chacune des trois divisions. Outre les cours de chaque section, chaque cours extra est payé à raison de 1,25 fr. par trimestre. »

En 1854, Fred. Denison Maurice, assisté de plusieurs jeunes gens, était le premier à rompre la digue qui séparait la classe des « instruits » de celle des « travailleurs ». Sa méthode consistait à associer les deux par un travail commun. Les vues de ces deux éléments s'élargissaient ; il se formait une saine camaraderie, une sorte de sensation de la nécessité d'une solidarité fraternelle qui caractérisait le Collège d'il y a 50 ans et qui actuellement constitue sa force vitale.

Le W. M. C. pratique le système des professeurs volontaires. Ceux-ci sont des amis sincères de l'ouvrier et se dévouent à l'enseignement sans autre récompense que la satisfaction que procure leur noble mission. Pour les branches qui nécessitent des connaissances profondes, le Working Men's College choisit des professeurs rémunérés.

Le Collège s'efforce, autant que possible, d'assurer à ceux qui désirent étendre leurs connaissances, qu'ils quitteront l'école, satisfaits et contents, même si l'élève, à son arrivée, ne possédait qu'une instruction négligée. Que l'élève apprenne à lire ou à écrire, ou qu'il désire étudier les branches générales, il est entouré des mêmes soins en même temps qu'on facilite autant que possible le but qu'il poursuit.

Fin d'année des examens ont lieu et des certificats sont décernés.

En 1911-1912, le Working Men's College comptait 1320 élèves. Les bâtiments spacieux (don du généreux fondateur) comprennent, outre les classes, une bibliothèque, une salle de fêtes, une salle de réunions, une salle de récréations et une galerie de peintures et de **sculptures**.

Comment réaliser le plus pratiquement et le plus démocratiquement possible l'idée de la création d'un collège pour travailleurs à Bruxelles.

Le fait d'avoir un choix de professeurs capables et dévoués n'offre aucune difficulté. Nombreux sont les professeurs désireux de se dévouer au sort de l'ouvrier et de l'employé. Lorsqu'en 1909, le Comité des Cours Populaires d'Humanités fit appel au dévouement des professeurs, l'offre dépassa la demande; il fallut limiter les acceptations **et** faire un choix judicieux du personnel enseignant.

Des salles spacieuses, trois ou quatre au début, se trouveraient sans doute dans les nombreux locaux des cercles démocratiques. Des écoles de jour pourraient utilement être mises à la disposition du Collège tous les soirs. Qui refuserait de coopérer à une œuvre si noble, si belle où le travailleur, après sa journée fatigante, vient s'instruire dans un double but

de relèvement social et de perfectionnement professionnel ?

Les cours pourraient se donner le soir vers 7 1/2 h.
ou 8 h. L'enseignement comporterait trois divisions :

I. *Division inférieure.* — Classe préparatoire (cours
d'école primaire).

II. *Division supérieure.* — Langues modernes, sciences et arts. (Programme d'école moyenne ou d'athé-
née).

III. *Division spéciale.* — Langues modernes, sciences pratiques, dactylographie et sténographie.

Des examens semestriels ou annuels auraient lieu
et des diplômes de capacité pourraient être décernés
aux élèves qui ont répondu d'une manière satisfaisante.

Un Comité directeur (choisi par et parmi les professeurs) règlerait toutes les questions importantes.
Il choisirait dans son milieu le bureau composé d'un
président ou directeur, d'un vice-président ou sous-
directeur, de deux secrétaires et d'un trésorier.

Les frais. de première installation pourraient être
couverts par des souscriptions auxquelles participe-
raient certes toutes les notabilités désireuses d'aider le
travailleur, l'ouvrier et l'employé dans ses courageux
efforts pour améliorer sa situation et pour perfectionner son travail.

C'est notre vœu le plus cher de voir instituer dans
toutes nos grandes villes des collèges pour travailleurs, à l'instar du Working Men's College de Londres.

Rapport sur l'Institut des Aumôniers du Travail en Belgique

RAPPORT DE M. L'ABBÉ H. DE BACKER.

Les Aumôniers du Travail constituent une Société religieuse fondée à Seraing, en 1894, par M. l'abbé Reyn, supérieur général actuel (1913). C'est le grand évêque «social» de Liége, l'émule des Ireland et des Ketteler, qui le premier approuva le nouvel institut.

Pour entrer immédiatement en contract avec les ouvriers, les Aumôniers du Travail ouvrirent dès leur première année d'existence une vaste hôtellerie ouvrière, où les travailleurs éloignés de leur famille trouvent à très bon compte un logement et une nourriture convenables.

L'hôtellerie de Seraing, et bientôt celles de Marchienne-au-Pont et d'Anvers devinrent des centres d'œuvres sociales : syndicats professionnels, mutualités contre la vieillesse et les maladies, bourses du travail, bureaux du peuple, cercles d'études sociales, etc.

Une multitude d'ouvriers y affluèrent et ce concours des travailleurs n'a pas cessé depuis lors.

Afin de relever non seulement le sort matériel, mais surtout la situation morale et religieuse du travailleur, les Aumôniers du travail donnèrent des conférences à leurs ouvriers, prêchèrent des missions et des retraites, prirent la direction des cercles d'études, éditèrent un journal populaire et envoyèrent les habitués de leurs maisons de logement aux retraites fermées organisées par d'autres congrégations religieuses.

C'est à Anvers que le prix du logement est naturellement le plus élevé, mais même dans cette ville l'ouvrier obtient chez les Aumôniers du travail une chambre (entièrement à lui seul) pour 2 fr. 50 par semaine. Rien d'étonnant que les chambres (on en compte une centaine) soient occupées toutes les nuits.

Les syndicats, notamment celui des ouvriers mineurs et celui des métallurgistes de Seraing eurent une influence bienfaisante. En temps de grève ils soutinrent efficacement les justes revendications des ouvriers, apprirent à ceux-ci à s'abstenir de violences, à avoir vis-à-vis des patrons une attitude énergique et digne et obtinrent ainsi (comme ce fut le cas à Seraing en 1896), des améliorations au contrat de travail.

Aujourd'hui la grande œuvre des Aumôniers du Travail est l'enseignement professionnel.

Ils dirigent une école de mécanique, de construction navale et d'électricité à *Anvers* (175 élèves); dans la même ville une école pour diamantaires (61 élèves), et des cours professionnels du soir (165 élèves); à *Seraing* ils ont fondé une école de mécanique et d'électricité (90 élèves), et une école industrielle du soir (118 élèves); à *Virton* ils ont un institut supérieur des arts et métiers (64) et une école d'apprentissage (44); à *Marchienne-au-Pont* une école de porions de mines (48); à *Charleroi* ils enseignent et font enseigner aux

jeunes gens la mécanique, la construction des automobiles et l'électricité (190 élèves); à *St.-Trond* ils
viennent de fonder un vaste institut d'enseignement
professionnel pour le travail du fer, du bois et du
diamant; enfin à *Montegnée* (Liége) ils créent en ce
moment une nouvelle école industrielle.

La population scolaire totale de ces divers établissements atteint à peu près dès maintenant le millier.

Les cours théoriques et pratiques durent généralement trois années, au bout desquelles un diplôme officiel
et reconnu par le Gouvernement est accordé aux élèves
qui subissent avec succès l'examen de sortie.

L'enseignement théorique est donné chaque jour
pendant 4 heures par des ingénieurs diplômés; les
cours pratiques (également quatre heures par jour) sont
placés sous la direction de contre-maîtres qui doivent
avoir fait leurs preuves dans la grande industrie.

Toutes ces écoles sont inspectées et subsidiées par
le Gouvernement dont un délégué assiste à tous les
examens des élèves.

De vastes ateliers pourvus des machines-outils les
plus modernes et les plus perfectionnées ont été établis
au local même de l'école.

Pour les écoles des porions-mineurs, les Aumôniers
sont parvenus à une disposition encore plus pratique.
Leurs élèves vont travailler aux charbonnages voisins,
trois ou quatre jours par semaine, descendent au fond
de la fosse et s'initient à tous les travaux de la houi-
lière. Les jours restants de la semaine sont consacrés
à l'enseignement théorique.

Il est certain que les jeunes gens sortant de ces
différentes écoles connaîtront à fond leur métier et
pourront rendre d'immenses services à l'industrie.
Imbus des principes d'une saine sociologie (ils suivent

pondant 3 ans à l'école le cours d'économie sociale), solidement formés au point de vue religieux, ils pourront être des apôtres auprès de leurs compagnons de travail, et seront des intermédiaires précieux entre les patrons et les ouvriers.

Les Patronages ouvriers de Louvain

RAPPORT DE M. LÉON REUSENS.

Comme on sait, les patronages groupent, dans un
but de relèvement religieux, moral, intellectuel et matériel, les enfants des ouvriers catholiques et les jeunes
ouvriers eux-mêmes. Partout, dans la Belgique catholique, ils rendent des services éminents à la classe
ouvrière. Aussi jouissent-ils d'une popularité que consacre un succès toujours grandissant.

A Louvain, il existe neuf patronages catholiques.
Ils comptent ensemble, sur un total de population
de 46000 âmes, 1407 membres actifs (chiffres de décembre 1911). Cette proportion est rejouissante, et
tout fait prévoir qu'elle ira croissant d'année en année,
grâce à la générosité des catholiques, grâce surtout
au dévouement du clergé séculier et des hommes
d'œuvres, qui consacrent leurs loisirs à cette mission
sociale d'une importance essentielle.

MEMBRES. — Les membres des patronages sont
d'ordinaire répartis en 4 groupes dans chaque patro-

nage : le premier groupe comprend les enfants de 11
à 14 ans ; le second ceux de 14 à 16 ans ; le 3e ceux
de 16 à 21 ans ; le 4e enfin ceux de plus de 21 ans.

EXERCICES RELIGIEUX. — Il va sans dire que,
les patronages ayant surtout pour but la formation
et la préservation morale et religieuse de la jeunesse
ouvrière, les membres sont obligés d'assister à une
messe réglementaire le dimanche. L'assistance au salut
du même jour est obligatoire aussi pour les plus
jeunes.

De plus, tous les mois il y a pour les patronnés
une messe de communion à laquelle ils assistent, mais
où la communion n'est pas obligatoire. Chaque année
une retraite est prêchée dans chaque patronage et
les membres sont tenus d'en suivre les exercices.

REUNIONS. — Ils ont des réunions régulières dans
des locaux mis à leur disposition par les comités des
patronages et sous la surveillance de personnes dévouées.

Les trois premiers groupes se réunissent le dimanche. Les plus jeunes membres arrivent à 4 heures
de l'après-midi, sont conduits au salut et retournent
ensuite au local où ils leur est permis de se livrer à
des jeux variés, en été à la cour, en hiver dans une
salle bien chauffée. Ils prennent congé vers 6 heures.

Le second groupe arrive à 6 heures et reste jusqu'à
8.30 heures ; le troisième passe au patronage de 7 à
10 heures du soir.

Le quatrième groupe a des réunions mensuelles obligatoires et d'autres hebdomadaires libres.

Elles ont lieu le lundi de 6 à 10 heures et l'on

devine la raison pour laquelle ce jour a été choisi
de préférence à d'autres.

CERCLES SOCIAUX ET RELIGIEUX.

a) La nécessité s'étant fait sentir d'initier les jeunes
ouvriers aux questions sociales pour les prémunir
contre l'influence des théories chimériques, bon nombre de patronages ont fondé des cercles d'études
sociales.

Dans plus d'un, ces cercles sont déjà prospères.

b) Bon nombre de patronages possèdent aussi des
caisses d'épargne, des caisses de retraite et des caisses
de secours en cas de chômage forcé. Il y a quelques
mois à peine, il s'est fondé une « Hoop der Toe-
komst » (Espoir de l'Avenir), qui groupe dans chaque
patronage les ouvriers, trop jeunes pour faire partie
des syndicats. C'est une transition entre ceux-ci et les
patronages.

Moyennant une somme minime, versée hebdomadairement, les membres touchent 0.50 frs par jour
de chômage involontaire.

c) Un patronage de la ville a fondé une conférence
de St-Vincent de Paul et l'on y assiste à ce spectacle
émouvant que de jeunes ouvriers se chargent de visiter, d'aider et de réconforter d'autres pauvres plus
besogneux qu'eux-mêmes.

d) Il existe encore dans nos patronages des œuvres
religieuses spéciales, dont il importe de citer les congrégations, les apostolats, les gardes d'honneur du
St Sacrement, les pèlerinages annuels, etc.

CERCLES D'AGRÉMENT. — La jeunesse ne se
passe pas de divertissements et l'on y a pourvu dans

les patronages de Louvain. On a créé, presque dans tous, des sections d'agrément, soit une chorale, soit une section dramatique, ou bien encore une fanfare, une section de gymnastique, une section de football, etc. Plusieurs patronages comptent à la fois tous ces cercles spéciaux.

COURS. — Dans certains patronages, des cours sont ouverts aux patronnés. Ils se font le dimanche et sont facultatifs. Ce sont des cours professionnels, mais aussi souvent des leçons d'instruction religieuse.

BIBLIOTHÈQUES. — La plupart des patronages possèdent une bibliothèque. Aux patronnés qui en font la demande on y prête un livre par semaine sans qu'on leur réclame ni garantie ni cotisation quelconques.

FÉDÉRATION DES PATRONAGES. — Les patronages sont indépendants les uns des autres, bien que taillés sur le même modèle et s'inspirant des mêmes idées généreuses. Ils ont pourtant senti l'utilité d'un concours mutuel en certaines circonstances et se sont fédérés. Cette fédération a ses réunions régulières. On y discute, comme il est naturel, les questions d'intérêt commun. La dernière question agitée dans ces assemblées est celle d'un cinéma itinérant au sein des patronages.

Des écoles primaires ont été créées par les catholiques à Louvain comme ailleurs. Elles forment avec les sociétés de St Vincent de Paul, les patronages, les syndicats, les mutualités et les retraites ouvrières une admirable chaîne d'œuvres, qui conduit et qui soutient le travailleur pour ainsi dire, du berceau jusqu'à la tombe.

La Belgique catholique est couverte d'œuvres semblables dont la charité et le dévouement des bourgeois et des riches font les frais. Mais nulle part on ne trouve une ville où l'activité sociale soit plus forte et l'initiative plus intelligente que dans la vieille cité brabançonne, siège de la célèbre université catholique, où tant d'Espagnols sont venus se former aux leçons de grands maîtres. Et les patronages y sont une des formes les plus vivantes de l'œuvre sociale.

L'éducation populaire dans les régiments de l'Armée Belge

RAPPORT DU COMTE HENRI D'OULTREMONT,
ADJUDANT D'ÉTAT-MAJOR, CAPITAINE COMMANDANT,
ADJOINT MAJOR DE RÉGIMENT AUX GRENADIERS.

En Belgique l'instruction primaire obligatoire existe en fait dans l'armée puisque la fréquentation des cours d'illettrés institués comme conséquence de l'article 107 de la loi sur la milice est imposée à tous les soldats ne sachant ni lire ni écrire.

L'expérience prouve que 95 p. c. des miliciens qui ne savaient ni lire ni écrire à leur arrivée le 1 octobre, savent lire et écrire à la fin des cours, le 30 avril suivant.

Dans toutes les armes il existe des écoles régimentaires ayant pour but :

1º. — En ordre principal, de donner aux élèves qui y sont admis l'éducation militaire et une instruction suffisante pour les rendre aptes à concourir au recrutement des cadres inférieurs de l'armée ;

2º. — En ordre subsidiaire, de faciliter l'entrée de l'école militaire aux jeunes gens qui possèdent une instruction générale assez développée ainsi que l'éducation et les qualités indispensables pour aspirer a la position d'officier ou de leur permettre d'acquérir les connaissances nécessaires pour arriver à l'épaulette par le cadre des sous-officiers après un certain nombre d'années de services rendus au pays.

En ce qui concerne l'enseignement scientifique, l'école régimentaire comporte six divisions ou classes embrassant dans les grandes lignes les matières enseignées dans les écoles primaires communales et les écoles moyennes de l'Etat (1e, 2e, 3e, 4e) les matières de l'épreuve préparatoire de l'examen A, pour l'obtention du grade de sous-lieutenant (5e division), les matières du concours d'admission à l'école militaire (6e division).

En principe, les élèves de l'école régimentaire sont choisis par le chef de corps parmi les militaires qui par leur âge, leur intelligence et leur degré d'instruction seront vraisemblablement à même, à l'expiration du temps qu'ils peuvent passer à l'école (2 ans au maximum) de concourir au recrutement des caporaux et des sous officiers et de servir encore effectivement pendant deux ans au régiment en qualité de gradé subalterne.

Dans l'infanterie, l'école régimentaire forme une Compagnie commandée par un Capitaine et encadrée par trois lieutenants ou sous-lieutenants ainsi que 10 sous-officiers remplissant les fonctions de professeurs, moniteurs et instructeurs.

Les écoles régimentaires sont en général casernées dans de petites villes dont elles sont la seule garnison. Ce sont donc de vrai pensionnats militaires où les études sont très sérieuses, où la discipline est très rigoureuse, où la formation militaire et scientifique des futurs gradés se poursuit loin de toute distraction, dans les conditions les plus avantageuses. Dans les troupes montées, vu les nécessités de l'instruction à cheval, les écoles régimentaires se trouvent près de l'E. M. du corps. Leur organisation n'est pas aussi complète que dans l'Infanterie.

Au régiment même sont organisés, dans l'Infanterie, outre les cours des illettrés dont il a été uestionq plus haut, *des cours du soir* ayant pour but:

1º. — De développer l'instruction scientifique des gradés (1ᵉ, 2ᵉ, 3ᵉ, 4ᵉ division).

2º. — De permettre aux militaires qui réunissent certaines conditions déterminées d'acquérir les connaissances exigées pour l'admission à l'école militaire (6ᵉ division) et pour l'obtention du grade de sous-lieutenant en passant par le cadre (5ᵉ et 7ᵉ division).

3º. — De préparer à leurs fonctions spéciales les sous-officiers comptables (cours d'administration).

4º. — De doonner aux militaires qui le désirent, l'instruction suffisante pour obtenir éventuellement, quand ils quitteront le régiment, un emploi civil d'ordre secondaire.

La fréquentation des cours du soir est *obligatoire* pendant l'accomplissement de leur terme de service actif, normal parmi les caporaux et les sergents dont l'instruction scientifique n'est pas au moins à la hauteur du programme de la 4ᵉ division. Elle est facultative pour tous les autres militaires.

Les cours de flamand (supérieurs et inférieurs) sont obligatoires pour tous les élèves de l'école régimentaire et des cours du soir. Sont tenus également de suivre un cours pratique de flamand tous les caporaux et sous-officiers qui ne fréquentent pas les cours du soir et ne possèdent pas uene connaissance suffisante de cette langue.

Dans toutes les garnisons sont organisés des cours théoriques et pratiques d'*Agronomie* donnés en français et en flamand, par des agronomes de l'Etat et dont la fréquentation est facultative.

A l'E. M. du régiment, les cours du soir sont dirigés par le Capitaine Commandant Adjudant Major du régiment; l'ensemble des 7 divisions compte une moyenne de 120 à 150 élèves, outre les illettrés; les cours sont donnés par des sous-officiers instruits et par des officiers du corps.

Les militaires de bonne conduite qui en font la demande au chef de corps obtiennent toutes les facilités compatibles avec la discipline et avec les nécessités de l'instruction pour pouvoir suivre, en dehors des heures de service (après 18 heures) les cours les plus divers en ville.

On peut donc affirmer que dans l'Infanterie Belge:

1o. — Tous les militaires sont obligés d'apprendre à lire et à écrire et à compter,

2o. — Tous les volontaires dont l'instruction ne correspond pas au dégré supérieur de l'enseignement moyen sont obligés de suivre les cours du soir.

3o. — Que tout militaire intelligent et travailleur qui se trouve dans les conditions d'âge convenables peut, à la caserne, acquérir l'instruction voulue pour devenir officier. Dans les troupes montées, où l'école régimentaire se trouve près de l'E. M. du corps, les cours du soir ne sont pas distincts de ceux de cette école.

Remarquons en passant que, pour l'infanterie surtout, les écoles régimentaires constituent un organisme indispensable à la formation des gradés subalternes. De la qualité de ceux-ci dépend évidemment la qualité de la troupe dont ils sont les instructeurs, les chefs di-

rects, les guides. Plus le temps de service impose aux
militaires est abrégé, plus la solidité des cadres devient
indispensable, plus l'école régimentaire voit croître son
importance. C'est là, et là seulement que le jeune vo-
lontaire peut recevoir, dans une atmosphère d'ordre,
de discipline, de travail, l'éducation militaire et les
qualités du caractère et du cœur requises pour devenir sous-officier. Ces écoles doivent être régimentaires,
car c'est le régiment qui est l'unité de bataille possédant le drapeau, les traditions et l'esprit de corps, le
plus indispensable des facteurs moraux sans lesquels
l'Infanterie n'est qu'une foule armée. — Le nier, c'est
admettre qu'à la bataille le renfort d'un régiment ac-
courant avec son drapeau ne sera pas plus que l'appoint
de quatre bataillons quelconques.

Les cours du soir ont été institués à l'époque où le
temps de service actif était de trois ans. Il est évident
que le travail de l'instruction technique du milicien
doit être poussé plus activement dans les unités depuis
que ce temps de service a été réduit à 15 mois. Par
conséquent, la préparation à la guerre devant être,
dans les conditions actuelles, l'unique souci des chefs,
il est logique d'admettre que les cours du soir dont
le programme ne contient absolument rien de militaire soient prochainement supprimés.

120 à 150 élèves et 5 ou 6 officiers professeurs
par régiment, actuellement distrait de leur service de
compagnie pendant plus d'une heure chaque après-midi
ne tarderont pas à pouvoir se consacrer exclusivement
à leur devoir professionnel. Au point de vue militaire
c'est indispensable. Au point de vue de leur instruction
générale les gradés n'y perdront pas s'ils obtiennent,
ce qui n'est pas douteux, l'autorisation de suivre hors
de la caserne, en dehors des heures de service, les

nombreux cours d'adultes donnés par des professeurs de métier dans toutes les écoles, libres ou autres, de toutes les villes de garnison.

A côté des moyens *officiels* d'augmenter l'instruction générale et l'éducation des jeunes gens pendant leur séjour à l'armée, il en est d'autres, dus à l'initiative privée, variant naturellement d'un corps à l'autre, et qui sont au moins aussi féconds en résultats pratiques. Le but que doit poursuivre tout officier soucieux de ses devoirs, c'est de rendre ses hommes meilleurs, plus instruits, plus aptes à lutter plus tard avec succès non seulement sur le champ de bataille, mais dans le combat sans merci qu'est pour la plupart leur existence entière. Ce but lui est imposé non seulement parcequ'il est patriote et parcequ'il doit coopérer à la grandeur de sa Patrie, mais encore parcequ'il sait que la Compagnie mobilisée — 250 hommes en temps de guerre — contiendra un grand nombre de réservistes congédiés depuis un an, deux ans..... 10 ans et qui auront eu tout le temps d'oublier chez eux les principes moraux reçus à la caserne. Il importe donc que l'officier s'attache ces hommes qu'il devra conduire au feu, que par des liens personnels tellement forts ni le temps, ni les influences étrangères ne pourront les entamer. Quelle sera son autorité, quelle sera sa force, s'il sait que dans sa compagnie se trouve tout un noyau d'anciens qui n'ont pu l'oublier parcequ'ils lui doivent la position qu'ils occupent et le pain qu'ils donnent à leur femme et à leurs enfants? Ceux-là seront plus que des soldats courageux, ce seront des amis sûrs, des amis à la vie à la mort qui ne lacheront jamais leurs officiers et qui entraîneront au besoin les autres.

Comment obtenir ce résultat? — Un groupe nombreux d'officiers appartenant à toutes les armes l'obtient depuis bien des années en s'occupant activement à trouver des emploits sérieux pour leurs hommes méritants lors de leur envoi en congé illimité et en restant ensuite en relation avec eux. — Il n'a fallu aucun organisme spécial: dès qu'un officier apprend qu'un emploi quelconque est vacant, il tâche par des démarches personnelles de le faire attribuer à un de ses anciens. S'il n'en a pas à caser pour le moment, il fait afficher l'offre d'emploi dans un lieu de réunion, dans une salle commune de la caserne — il prévient des camarades d'autres régiments qui agissent de même. — Des centaines de soldats de l'armée belge sont placés de cette façon chaque année par leurs officiers!

Mais pour avoir quelque chance de voir agréér leurs protégés, il faut aussi que les officiers aient profité de toutes les occasions journalières pour faire des miliciens souvent incultes qu'ils ont reçus, des hommes plus travailleurs, plus adroits, plus instruits, qui fassent honneur à leur recommandation.

Au régiment des Grenadiers ce résultat est obtenu par des conférences instructives et intéressantes données en dehors des heures de service, par des officiers, des sous-officiers, des soldats mêmes et des conférenciers étrangers sur tous les sujets qui peuvent intéresser les hommes: histoire nationale, géographie, voyages, industries diverses, hygiène, commerce, navigation, aviation, pensions de vieillesse, assurances. coopératives, mutualités, etc., etc.... Ces conférences dont la fréquentation est naturellement facultative sont rendues plus attrayantes par des projertions lumineuses Elles se terminent ordinairement par une tombola tirée entre tous les auditeurs qui reçoivent chacun un billet gratuit à leur entrée. — La tombola est elle-même un moyen puissant de diffusion car les lots se compose de livres, brochures, tracts divers que les heureux gagnants ne manqueront pas de rapporter à leurs parents dès leur prochaine sortie. Ces conférences attirent même des auditeurs d'autres corps de la garnison quand elles se donnent dans un musée scolaire très complet, créé de toutes pièces par les officiers pour l'usage de leurs soldats, comme c'est le cas au régiment des Grenadiers à Bruxelles.

Je ne puis mieux décrire le *musée du soldat* de la caserne Prince Albert, à Bruxelles, qu'en reproduisant des extraits de l'article qu'a bien voulu lui consacrer dans le numéro de Septembre 1911 de la revue illustrée l'EXPANSION BELGE. Le Lieutenant Général Baron de Heusch:

... «Une des évolutions les plus caractéristi du XXe siècle est sans contredit, l'idée d'utiliser la présence sous les drapeaux de tous les enfants du pays appelés par le service obligatoire, pour parfaire l'éducation nationale commencée à l'école et faire des jeunes hommes venus pour apprendre le métier des armes, des citoyens plus forts, plus dégourdis physiquement, plus éclairés, plus affinés intellectuellement, confirmés dans leur métier, mis au courant des perfectionnements à y apporter, armés pour combattre la routine qui tue et pour préconiser le progrès qui vivifie; rendus, enfin, à la charrue, à l'outil, plus aptes à en tirer le nécessaire à la vie, sans oublier les problèmes si intéressants de l'épargne, de la mutualité, des lois sociales.

L'officier devient ainsi, dans la matière, l'éducateur du peuple par excellence, et des publications nombreuses ont souligné la grandeur de ce que l'on a appelé le *rôle social de l'officier.*

Le soldat, qu'on avait habitué autrefois, à l'obéissance passive; à l'occupation dans le rang, d'une place,
toujours la même; à un automatisme rigide et guindé,
se répercutant de sa personne à son moral; à une
discipline passive qui exclut tout raisonnement afin
d'être mieux assurée; à une distance infranchissable
qui le sépare de son officier; s'est transformé en un
citoyen qui vient à l'armée se soumettre à une préparation indispensable de son devoir comme défenseur
de son pays; mais aussi qui vient y recevoir une
éducation mroale et sociale solides, qui l'attachent à
la Patrie par des racines plus proofndes et lui font
apprécier toute la grandeur du sacrifice qu'on attend
de lui pour la sauvegarde de l'honneur et de l'indépendance de son pays »...

...« Il n'est pas difficile de comprendre qu'une instruction professionnelle mécanique du soldat ne saurait
plus, à elle seule, correspondre à ce que nous devons
attendre de lui à la guerre. Il faut y ajouter l'éducation
militaire et aller plus loin encore; jeter dans le cœur
des hommes que l'armée incorpore, des germes d'un
profond amour pour la Patrie si belle, si riche; ceux
d'une vive reconnaissance pour les bienfaits d'une
instruction plus étendue qu'ils devront aux officiers;
ceux d'une estime admirative pour leurs connaissances
et l'utilisation qu'ils en ont su faire au profit de
l'amélioration physique et morale de la race. On aura
beau faire, nous avons un cœur, et les choses vraiment nobles accomplies sous nos yeux le font palpi-
ter de reconnaissance. Et l'on a commencé, partout,
cette œuvre si belle et si grande dévolue à l'officier
contemporain. Mais il reste encore beaucoup à faire;
car les moyens employés pour attirer le cœur de nos
soldats ne sont point scientifiquement étudiés et em-

:ployés. Des conférences, des discours, c'est bien; des
démonstrations pratiques, et des faits, c'est mieux.
Un des meilleurs moyens, assurément, de procéder à
l'éducation morale de nos soldats, est de répandre
des flots de lumière sur toutes les questions qui les
touchent et de leur révéler la perfection idéale en
tout ce qui peut intéresser leur vie et leur avenir.

Telle est la pensée qui a présidé à l'édification du
Musée du soldat au Régiment des Grenadiers, pensée
d'une très haute portée morale, qui peut, en se déve-
loppant de plus en plus, apporter une révolution profonde dans les sentiments qui, jusqu'ici, ont animés
nos citoyens appelés sous les drapeaux. L'œuvre s'est
montrée, dès ses débuts, comme grande et belle; amé-
liorée, approfondie, elle s'affirmera dans des résultats
merveilleux, au grand profit de la Patrie; car aucun
moyen d'éducation ne vaudra jamais celui qui consiste
à agir, attirer la confiance par l'exemple, utiliser tous
les moyens perfectionnés de la pédagogie moderne pour
instruire en amusant »....

...«Le colonel Deruette, Aide de Camp du Roi, commandant le Régiment des Grenadiers, en recevant le
20 Juillet 1911, les nombreux invités et les généreux
donateurs et protecteurs de l'œuvre, en a ainsi défini
la portée pratique en quelques paroles: — «Le musée
que j'ai l'honneur d'ouvrir contient des collections de
toute nature propres à donner à nos soldats d'intéressantes et utiles leçons de choses, à rendre plus pratiques et plus féconds les enseignements des cours
du soir; à mettre sous les yeux des jeunes gens qui
désirent se présenter aux examens, une foule d'objet
et d'instruments dont ils doivent connaître la nature
et l'usage; à contribuer, en un mot, à l'éducation de

tous en élevant les cœurs et en ouvrant les intelligences »....

...« Au fond de la cour d'honneur et la dominant d'une quinzaine de mètres, se trouve une large terrasse à laquelle on accède par un escalier monumental. Sur cette terrasse s'élève une belle construction: c'est le Mess des soldats. Le rez de chaussée est consacré à une salle de réunion où se trouvent différents jeux, des tables avec écritoires une bibliothèque, etc. Les murs sont ornés d'aquarelles, d'estampes, de chromolithographies, de gravures représentant les plus beaux sites du pays, des fêtes champêtres; nos grenadiers y trouvent un souvenir du village, de la ville, de l'atelier; ils y voient aussi les portraits de nos rois, reines, princes. Une grande réduction du dirigeable « Ville de Bruxelles » plane majestueusement, avec tout le matériel, et semble n'attendre que le fameux « lachez tout » pour s'envoler.

L'étage au-dessus est consacré au *Musée du Soldat* et la cage d'escalier qui y accède a été utilisée comme annexe de la section maritime du Musée: on y voit, classés avec le plus grand soin, toute une collection de tableaux, cartes, photos, se rapportant aux lignes de navigations belges et étrangères et les pavillons des grandes campagnes.

Dès l'entrée du musée, l'œil est charmé, tant son aspect général est flatteur. Tout de suite, on s'aperçoit que l'esprit d'ordre et de méthode a procédé au classement de ces innombrables objets. Un tripyque montre des ouvriers du fer et de la mine; on est dans la section de la Belgique industrielle où tous ceux qui s'intéressent au travailleur de la mine, des hauts fourneaux, de la fabrication du verre, de la céramique, etc., trouvent des tableaux, des collections d'outils, de mi-

nerais, des descriptions bibliographiques, des échantillons de produits : en un mot, tout ce qui peut intéresser le travailleur voulant se perfectionner et savoir.
Cette section est magnifique, grâce à l'aide puissante
que les organisateurs du Musée ont trouvée chez nos
chefs d'industrie et dans le personnel de notre enseignement.

...« Les autres sections sont : Belgique maritime, Belgique coloniale, Belgique agricole, Belgique pittoresque,
Belgique scientifique et sportive. »

...« *Belgique maritime*. — Navigation, pêcherie, industries de la mer trouvent dans ce stand des développements parlants et l'on y a ajouté comme annexes,
tout ce qui se rapporte aux constructions navales.
Cette leçon de choses doit avoir pour conséquence de
développer chez nos jeunes gens l'esprit d'observation
et le goût d'entreprises lointaines. Les intéresser, les
instruire en les amusant est la raison dominante. Dans
ce but on a placé, à côté de chaque obejt, une notice
explicative et une photo documentaire, sans oublier
une petite bibliothèque, mise à la disposition de ceux
qui voudront entrer plus avant dans l'examen de l'une
ou l'autre des questions qui les auraient intéressés. —
On trouve encore, en un second groupe de ce stand,
tous les renseignements destinés à faciliter l'accès
aux divers emplois de la marine marchande. Les carrières maritimes sont loin d'être encombrées chez nous
comme la plupart de celles recherchées par la jeunesse ; les statistiques exposées au stand maritime le
démontrent et donnent tous les renseignements nécessaires pour connaître les avantages accordés aux
différents emplois maritimes. Enfin, dans un troisième
groupement on trouve tous les renseignements sur

les grandes lignes de navigations de tous les pays,
l'organisation des grandes compagnies. »

. « *La Belgique coloniale* devait, tout naturellement,
faire suite à la section maritime.... On y a groupé avec
autant de goût que de savante classification tout ce
qui parle aux yeux, attire l'attention et la réflexion
sur les choses de notre colonie congolaise. Les capitaines peuvent conduire là leurs soldats, leur montrer
les grandes choses accomplies, attirer leur attention
sur les débouchés nombreux que le Congo produit;
tout ce que le commerce belge peut y exporter; tous
les renseignements relatifs au climat, aux mœurs et
usages du pays, aux communications extérieures et
aux voyages de la métropole à la colonie; tout ce qui
peut, enfin, éveiller chez nos soldats l'orgueil du nom
de Belge et le désir d'apporter à leur tour une pierre
pour monter plus haut l'édifice déjà si majestueux
bâti par nos compatriotes, donnera matière à des entretiens patriotiques et militaires avec démonstration
à l'appui. »

« *La Belgique agricole.* — Qui ne comprendra, de
suite, l'importance considérable qu'il y a de combattre
chez nos jeunes soldats, parmi lesquels si nombreux
sont les agriculteurs et les travailleurs modestes de la
terre, l'ancienne routine qui rendit, pendant si long
temps stationnaire et peu productive la culture de nos
terres !.... Le gouvernement fit une chose bien utile,
en organisant, dans les régiments, des cours donnés,
dans les deux langues, par des agronomes à hauteur des
progrès modernes. Mais combien plus pratiques sont
les entretiens quand le conférencier a sous la main
l'outil aratoire, le produit du sol, le modèle de ma-

chine, le tableau représentant telle ou telle opération champêtre! — Et dire à nos soldats tout ce que renferment les entrailles de cette terre de Belgique, terre bénie de la Patrie aimée! n'est-ce* pas aussi, en les instruisant, élever leur âme et aviver leur amour pour leur pays ?.... Sans sortir de la caserne, dans sa maison, dans son mess, par les soins de ses officiers, il aura sous les yeux tout ce qui peut le perfectionner; frappé des avantages qui sont à retirer de l'application de méthodes scientifiques, il viendra dire au vieux père ce qu'il a vu, il l'entraînera vers le progrès. On aura ainsi fait des apôtres chassant devant eux les préjugés et la routine qui, si longtemps, empêchè-rent la terre de rendre tout ce qu'elle peut et doit rendre par un traitement rationel. »

« *La Belgique pittoresque.* — Ce stand réunit un nombre considérable de photographies représentant les sites et les monuments du pays. »

« *La Belgique scientifique et sportive.* — Il fallait aussi parler à nos soldats des institutions de pré-voyance, de l'épargne, des mutualités, des sociétés d'assurances, des moyens à employer pour s'assurer une pension, des institutions philantropiques qui ho-norent l'humanité: c'est l'obejt de ce Stand.

Mens sana in corpore sano! a dit Juvénal. Le déve-loppement physique doit être l'objet de la constante sollicitude des officiers; un moyen d'y aboutir est, sans contredit, l'encouragement aux exercices sportifs — Une vitrine contient des challenges, prix, coupes rem-portés par les grenadiers dans les divers concours sportifs et de tir. Cet ensemble atteste les éclatants succès des grenadiers dans toutes les luttes sportives. »

« Se rattachent à la section scientifique un labora‑
toire de chimie et un cabinet de physique qui furent
offerts à nos soldats par un industriel belge dont la
main est toujours ouverte quand il s'agit du progrès.
intellectuel du peuple. »

« Telle est l'œuvre dans toute sa splendide concep‑
tion, dans toute sa judicieuse et patriotique exécution..
Chacun pourra se rendre compte du développement ma‑
gnifique qu'elle est appelée à enregistrer ; tel officier
apportera un livre, un dessin nouveau, un objet ; tel
soldat, revenant de congé, enrichira « son Musée » d'une
vue de son atelier, de son village, d'un instrument de
travail perfectionné employé dans son usine, etc, etc.
Les grands faits pratiques qui intéressent le travail
national et l'histiore du pays seront portés à la con‑
naissance de nos soldats dans des conférences hebdo‑
madaires, aidées de projections cinématographiques ;
car il existe au « Musée du Soldat » une installation
complète de cinématographie ».

« Cette œuvre doit être signalée au pays comme une‑
haute manifestation de l'esprit patriotique et humani‑
taire qui anime notre corps d'officiers. Elle est la
démonstration vivante de ce que peut l'initiative éclai‑
rée, soutenue par l'ambition de remplir une tâche noble‑
ment utile à la Patrie et fait honneur à ceux qui l'ont
réalisée, comme aux chefs qui l'ont encouragée ».

(Signé) Lieutenant Général Baron W. de Heusch.

Je n'ajouterai qu'un mot à la description ci-dessus.
Le « Musée du Soldat » a reçu depuis le 20 Juillet
1911 des milliers de visiteurs : il a donc répondu au but
de vulgarisation que s'étaient proposé ses fondateurs : il
a de plus constitué une réclame magnifique pour les.
industriels et les commerçants qui ont bien voulu

nous donner des échantillons de leurs produits : c'est pour eux une exposition permanente gratuite.

Son importance s'est considérablement accrue depuis son inauguration : il est actuellement assuré pour plus de trente mille francs.

VŒUX ET PROPOSITIONS.

1. — Au point de vue de la vulgarisation de toutes les connaissances utiles, création dans tous les établissements d'instruction, de musées qui constituent le moyen d'enseignement intuitif le plus pratique et le plus fécond.

Les musées du collège de Melle (près Gand) sont des modèlles du genre. — Le « musée du soldat » du régiment des grenadiers, de création plus récente, dû à l'initiative des officiers du régiment, sans aucun subside, prouve que l'idée est réalisable partout.

2. — Création dans toutes les armées d'organismes permettant à toute la nation de recueillir les fruits de l'instruction générale et de l'éducation patriotique que les miliciens reçoivent de leurs officiers pendant leur présence sous les drapeaux.

Le Cercle apologétique de Louvain

RAPPORT DE M. L'ABBÉ BITTREMIEUX,

PROFESSEUR A L'UNIVERSITÉ DE LOUVAIN

Un des nombreux moyens que les catholiques belges ont aimé à employer pour développer l'éducation religieuse et morale de leurs concitoyens, a été l'organisation sur une très large échelle de leçons et de conférences sur la morale et la religion. Nous signalerons dans les courtes lignes qui vont suivre, l'activité d,'une de ces organisations, qui a rendu d'inappréciables services à la bourgeoisie de la ville de Louvain. Le Cercle dont nous parlons fut fondé en 1905, grâce à l'intelligente initiative de M. Boon-Hecking et de M. le Chanoine de Baets, en ce temps professeur à l'Université. Chaque année, pendant la saison d'hiver, il organise une série de 12 conférences, qui durent trois quarts d'heure, et se donnent le soir. Dès le mois d'octobre, on envoie à tous les membres de la société une vue d'ensemble de toutes les conférences qui seront données et on y communique déjà les noms des orateurs qui prendront la parole. Ensuite, avant chaque réunion, le résumé du sujet qui sera traité est distribué à tous les assistants. Depuis les sept ans que cette société fonctionne, elle n'a connu que du succès : régulièrement une centaine de membres suivent les conférences avec le plus grand intérêt, il serait sans doute difficile de trouver un auditoire faisant preuve d'une attention plus parfaite. Les sujets des leçons à ·donner, leur plan d'ensemble, sont choisis et déterminés d'après les soins savants de professeurs d'Université; parmi ceux-ci signalons, autrefois M. de Baets, ensuite M. Coppieters, et actuellement M. Bittremieux. A la conférence de clôture, les portes du cercle sont ouvertes, toutes larges, au grand public catholique de Louvain, et un auditoire de trois à quatre cents membres vient écouter un orateur de marque, souvent même un étranger. Pour prouver l'influence que ce cercle a exercé sur l'éducation religieuse et morale de es membres assidus et nombreux, il suffit de jeter un rapide coup d'œil sur le programme des leçons données. Pour tout catholique, le fondement dernier de la morale est l'existence de Dieu. Plusieurs leçons ont donc été consacrées aux preuves de cette existence. L'homme dépend de Dieu en tant que créature, et doit par conséquent obéissance à la loi divine. En créant son chef-d'œuvre, Dieu lui a assigné une fin dernière: la glorification de Dieu en Le servant ici-bas et en Le louant dans l'éternité, est le bonheur surnaturel de l'homme. Pour atteindre sa fin dernière, l'homme doit observer pendant sa vie d'ici-bas la loi naturelle et divine; pour l'aider en cela, Dieu lui accorde un secours surnaturel: la grâce. Création, fin dernière, existence de l'âme libre et immortelle, grâce divine: tout cela a été successivement examiné dans plusieurs conférences.

Parmi les moyens que Dieu a mis à la disposition de l'homme pour l'aider à atteindre sa fin dernière, il faut encore mentionner l'Eglise, ses sacrements, son sacrifice; tout cela a été traité dans un grand nombre de conférences : existence historique de Jésus-Christ, sa divinité, sa prédication du royaume de Dieu, l'institution des sacrements, surtout l'Eucharistie et le Mariage, la fondation divine de l'Eglise, les marques de la vraie Eglise, qui se retrouvent dans la seule Eglise catholique, la règle de foi des catholiques, c'est-à-dire les Ecritures et la Tradition sous l'infaillible magistère de l'Eglise, la mort et la résurrection du Christ, etc. etc.

L'année 1911-1912 est consacrée à l'étude de la Liturgie catholique, son symbolisme, son origine et sa beauté. Toutes les cérémonies de l'Eglise depuis le baptême jusqu'au cimetière y sont successivement expliquées.

L'histoire religieuse a également donné lieu à un nombre considérable de conférences : l'Eglise au cours des siècles, avec ses martyrs, avec les attaques dont elle est et a toujours été l'objet : tout cela a été traité dans ces leçons.

Cette courte esquisse permet de juger de l'activité catholique sur le terrain de la morale et de la religion, deux choses étroitement unies et inséparables. Ainsi les catholiques s'efforcent de développer chez les leurs une connaissance plus approfondie de la religion et de la morale : ils y tendent par le raisonnement objectif et impartial, et de cette façon ils atteignent également les volontés, dans lesquelles ils déposent des principes de vie supérieure, directeurs et inspirateurs d'actes religieux, moraux et honnêtes.

La Société des Ouvriers catholiques " Religion et Travail „ à Louvain

RAPPORT DE M. L'ABBÉ KOCKX.

La société des ouvriers catholiques fut fondée en 1867. Elle a depuis cette époque mis toutes ses ressources et toute son activité au service de la classe ouvrière.

Elle a eu successivement à sa tête MM. Jules de Trooz et Franz Schollaert, devenus tous deux Minsitres et Chefs du Cabinet ministériel; à l'heure actuelle, son président d'honneur n'est autre que M. Prosper Poullet, ministre des Sciences et des Arts.

Le but de la Société est de compléter l'éducation religieuse et morale de l'ouvrier; de défendre sés intérêts matériels; de l'enrôler dans les syndicats chrétiens, de le prémunir contre les doctrines révolutionnaires. Pour atteindre ce but on réunit tous les dimanches, le soir, entre 7 et 10 heures, les membres dans leur local, qui peut à peine les contenir, tant ils sont nombreux. On leur donne 2 ou 3 fois par mois des conférences sur la religion; sur les questions sociales; parfois sur la politique.

Les membres les plus actifs se réunissent dans un

local spécial, pour discuter pendant une bonne demi
heure les questions du jour, et forment ainsi un cercle
d'études sociales. Les ouvriers trouvent encore dans
la société une table de lecture où ils peuvent consulter
les journaux et les revues catholiques. Une caisse
d'Épargne et de Retraite y fonctionne depuis de longues années et donne de très bons résultats.

Ils peuvent s'amuser honnêtement, soit aux cartes,
au billard et à d'autres jeux qui sont mis en grand
nombre à leur dispositon.

Pour les récompenser de leur assiduité aux réunions,
les membres ont de multiples faveurs, et chaque année
une distribution d'objets utiles est faite aux plus
réguliers.

Un vicaire de la paroisse entretient deux fois par
mois les ouvriers sur l'un ou l'autre point de la religion
chrétienne. Il le fait dans un langage très simple et
termine chaque fois sa courte instruction par une
conclusion pratique.

A l'approche des jours de jeûne et d'abstinence,
des grands jours de fêtes, on les avertit des prescriptions de l'Eglise et deux fois par an on les invite à
une communion générale, qui est toujours très suivie.

L'esprit d'épargne et de prévoyance doit être répandu plus qu'ailleurs, parmi la classe ouvrière. Nous
voyons, en effet, beaucoup d'ouvriers dépenser à la
boisson et au jeu, l'argent qui n'est pas strictement
nécessaire à leur existence et à l'existence des leurs.
Il ne conserve rien pour l'avenir et la moindre maladie,
le moindre revers amène dans leur logis la pauvreté
et la misère. Au surplus, l'épargne suppose la pratique
de plus d'une vertu : la sobriété, l'économie, la pureté
des mœurs. De l'épargne suit donc un double avantage,
on diminue par elle les charges de la charité publique

ou privée et on développe dans l'ouvrier les sentiments de dignité et de vertu.

Voilà pourquoi une des préoccupations principales du comité de la société des ouvriers est de stimuler l'épargne par tous les moyens: de courtes conférences leur sont données souvent sur ce sujet.

L'œuvre de la propagande populaire par les journaux et les revues et la formation de cercles d'études sociales sont de nos jours de la plus grande utilité, voire même d'une nécessité universelle. Il est de notre devoir de donner à l'esprit inquiet de l'ouvrier, une nourriture saine et substantielle, d'affermir ses idées flottantes et de les diriger vers le bien. Ce devoir est d'autant plus pressant que de tous les côtés on tâche de le séduire, de corrompre son intelligence par des doctrines subversives qui menacent l'ordre de la société.

A côté de l'armée du mal nous devons équiper une armée du bien. Nous devons répandre la bonne presse, la bonne lecture. Nous devons former parmi les ouvriers des hommes animés d'idées saines et nettes, qui peuvent à l'occasion répondre aux sophismes sociaux et moraux répandus autour d'eux.

Pour cela nous avons notre table de lecture où les meilleurs journaux catholiques et les revues sociales chrétiennes offrent à l'ouvrier le moyen de se documenter, simplement mais clairement, sur toutes les questions d'actualité.

Quelques étudiants de l'Université catholique de Louvain viennent mettre les plus curieux au courant des questions moins aisées à comprendre sans guide. Ces jeunes gens donnent parfois devant le public ouvrier une brève conférence, agrémentée de projections lumineuses.

Chaque mois on distribue à domicile chez tous les membres une livraison d'une revue, où eux-mêmes et leur famille trouvent une lecture saine, utile et agréable.

Et ainsi pénètrent lentement dans l'intelligence de l'ouvrier, déformée parfois par de pernicieuses fréquentations, les idées qui lui assurent une vie plus digne et plus haute en même temps que plus heureuse.

Les Bibliothèques populaires en Belgique

RAPPORT DE M. TH. ROUVEZ,

DIRECTEUR AU MINISTÈRE DES SCIENCES ET DES ARTS.

Les bibliothèques publiques, dites populaires, sont, en Belgique, l'œuvre combinée, des pouvoirs publics et de l'initiative privée.

Avant 1862, il existait environ 100 bibliothèques publiques en Belgique. Le 13 septembre de cette année M. Alphonse Vandenpeereboom, Ministre de l'Intérieur, établit dans une circulaire le système qui, appliqué dans la suite avec persévérance, a permis aux centres de lecture de se développer.

« Il serait heureux, » écrivait le Ministre aux gouverneurs de province, « que bientôt chaque commune vît se former à côté de l'école, la bibliothèque populaire qui en est le véritable complément.

» Comme il se pourrait toutefois que certaines localités n'offrissent pas des ressources suffisantes pour créer ces institutions, on pourrait les engager à se réunir dans ce but, à des communes voisines.

» Les bibliothèques populaires répondent à un besoin de la généralité, satisfont à un intérêt réellement communal. *Les administrations communales,* peuvent donc, sans sortir de leurs attributions, se charger de les

réorganiser et de les entretenir. A défaut de ces admi
nistrations, il est à espérer qu'il se trouvera *des sociétés ou des particuliers* qui auront à cœur d'attacher
leur nom à la création de ces établissements. »

De cette circulaire date le premier grand mouvement
en faveur des bibliothèques populaires. Les administrations communales fondèrent dans l'école même des
bibliothèques scolaires dont l'influence s'étendit de
l'enfant à la famille et qui se transformèrent même en
bibliothèques populaires mises à la disposition des
adultes. A côté du pouvoir local, des particuliers, des
sociétés s'inspirant de l'invitation du Gouvernement
s'employèrent avec zèle à la création d'œuvres de
lecture. Parmi les particuliers, il faut citer quelques
philantropes ou collectionneurs, les membres du clergé
paroissial et parmi les sociétés : la Ligue de l'enseignement et la société Franklin, dont l'influence fut pré-
pondérante dans les provinces de Brabant et de Liège,
le Davidsfonds, le Willemsfonds, les conférences de
St Vincent de Paul, l'œuvre des églises pauvres, les
cercles catholiques, etc.

Voici une statistique approximative des créations
de nouvelles bibliothèques par année. En 1862: 12;
en 1863: 8; en 1864: 11; en 1865: 20; en 1866: 16;
en 1867: 19; en 1868: 24; en 1869: 32; en 1870: 44;
en 1871: 14; en 1872: 20; en 1873: 16; en 1874: 20;
en 1875:37; en 1876: 26; en 1877: 22; en 1878: 26;
en 1879: 29; en 1880: 64; soit en tout 453 institutions
nouvelles ou de 550 à 600 bibliothèques pour tout
le pays.

Ces bibliothèques sont dotées d'un fond de livres
par l'administration communale, reçoivent d'elle une
petite subvention qui sert à l'entretien des ouvrages
et à l'indemnité du bibliothécaire, fonction confiée le

plus souvent à l'instituteur. Quelques bibliothèques dues à l'initiative privée, profitent des mêmes avantages. Elles sont rares et la plupart de celles-ci vivent de la générosité des particuliers. L'État intervient auprès des unes et des autres par des envois irréguliers d'ouvrages.

De 1880 à 1898 les bibliothèques populaires s'accroissent en nombre, lentement, environ 300 unités. Le mouvement se tasse, l' an semble arrêté; le zèle des sociétés et des particuliers se ralentit, la routine domine.

Vers 1898, le Gouvernement remet à l'étude la question des bibliothèques populaires, un service spécial est créé, les crédits pour l'envoi des ouvrages sont augmentés; les distributions deviennent régulières. Les sociétés se remettent au travail. La Ligue de l'enseignement provoque des études, fonde un service de bibliothèques circulantes; les autres sociétés suivent ce réveil; les bibliothèques paroissiales jusqu'alors embrionnaires, s'organisent méthodiquement, ici, à côté d'autres bibliothèques, là, à défaut de tout établissement de lecture. Les œuvres sociales se sont répandues en Belgique: patronages, maisons des ouvriers, cercle d'œuvres, œuvres de prévoyance, de mutualité ou professionnelles, maisons du peuple, syndicats. Aussitôt se greffent sur elles, comme autrefois sur l'école, des bibliothèques, d'abord ouvertes à leurs affiliés et qui étendent leur influence en devenant publiques. Ce sont, à part celles de quelques grands centres, les bibliothèques les plus vivantes du pays. Et le fait s'explique facilement dans un pays où l'esprit d'association est aussi développé qu'en Belgique. Voici la statistique des créations nouvelles de bibliothèques, publiques par année, de 1898 à 1911. En 1898: 38;

en 1899: 21; en 1900: 37; en 1901: 27; en 1902: 42;
en 1903: 12; en 1904: 16; en 1905: 9; en 1906: 90;
en 1907: 179; en 1908: 77; en 1909: 106; en 1910:
37; en 1911 la Belgique possédait plus de 1600 bibliothèques populaires.

Les communes et les particuliers continuent à coopérer à leur entretien. Le nombre des bibliothèques
augmente; leur clientèle, leurs collections, leur installation, leur tenue sont en progrès. Des villes ont cons-
truit des bâtiments d'après les derniers perfectionnements (par exemple la ville de Liège); d'autres, comme
Bruxelles et ses faubourgs, ont installés des salles de
lecture très fréquentées.

Le Gouvernement ne les encourage pas par voie de
subside, il se contente de laisser la mission au pouvoir
communal et aux particuliers d'organiser leurs œuvres:
il intervient à leur demande par des distributions
d'ouvrages acquis par souscriptions.

Pour participer aux distributions d'ouvrages faites
par le Gouvernement, les conditions suivantes sont
requises:

1. Les demandes de participation doivent être adres-
sées au ministère des Sciences et des Arts;

2. La bibliothèque doit être publique et gratuite;

3. Les documents suivants doivent être produits:

a) une seule fois, le catalogue complet du fond
de l'établissement;

b) annuellement, la liste détaillée de tous les accroissements arrêtée au 31 décembre de l'année écoulée;
c'est-à-dire, non seulement le chiffre global des accroissements, mais aussi la liste des titres et auteurs des
différents ouvrages qui forment ces accroissements,
ainsi que la liste des ouvrages qui ont été écartés du
catalogue par suite d'usure, etc.

c) Annuellement, les renseignements complets du mouvement du dépôt.

4. Le Gouvernement se réserve, en cas de changement de direction ou de dissolution, la propriété des ouvrages envoyés; il devra être immédiatement avisé de toute modification éventuelle dans l'organisation, ou de la dissolution de la bibliothèque.

Chaque demande en participation est l'objet d'une enquête administrative confiée aux autorités provinciales et locales.

Le Gouvernement distribue pour plus de 50.000 frs d'ouvrages et de publications périodiques.

Les administrations provinciales interviennent depuis la dernière période d'une façon plus précise dans l'encouragement à la lecture publique. Si l'une a adopté le subside à deux grandes œuvres de lecture, les autres ont suivi le mode adopté par le Gouvernement de distribution d'ouvrages. Elles ont voté des subsides importants qui sont en augmentation annuelle; elles ont dressé des listes d'ouvrages, mis à la disposition des intéressés, qui peuvent y faire un choix à concurrence d'une somme déterminée pour chacun.

Les administrations provinciales — notamment celles de Brabant, Liège et Hainaut — exigent comme le gouvernement, pour la participation aux envois d'ouvrages que les bibliothèques soient publiques et gratuites. Elles ont reconnu le principe établi en 1862 par le Ministre Alphonse van den Peereboom en patronnant deux catégories de bibliothèques: 1⁰ les bibliothèques établies par les communes ou avec leur concours; 2⁰ les bibliothèques établies par les sociétés subsidiées par la province, c'est-à-dire, surtout les œuvres d'éducation populaire et notamment celles des universités populaires et des extensions universitaires.

Les œuvres de lecture, dites bibliothèques populaires, progressent donc en Belgique. Sans doute, il y a encore beaucoup à faire, mais les améliorations s'accentuent normalement, sans heurt; les établissements tiennent compte du tempérament belge et deviennent de plus en plus fréquentés; les collections s'améliorent grâce à des combinaisons de librairies et par des œuvres de circulation, le livre donne plus de rendement. Le Gouvernement, lui-même, étudie cette question et a tenté un essai de bibliothèques circulantes.

Sur 2630 communes que compte la Belgique, plus de la moitié ne possède pas de bibliothèque populaire spécialement destinée aux adultes; elles ont toutes une bibliothèque scolaire. Si plus de 1300 communes n'ont pas d'établissement de lecture public, il y a lieu de reconnaître que beaucoup d'entre elles auraient difficile à en ouvrir un: 432 communes belges, en effet, réunissent moins de 500 habitants et 1121 communes en comptent moins de mille. Il y aurait moyen de remédier à la situation en mettant en vigueur la circulaire déjà citée dans ce rapport et en agglomérant les efforts de plusieurs communes pour fonder une bibliothèque dont les livres circuleraient sur leur territoire.

Il y a donc beaucoup à faire. L'expérience a démontré en Belgique la force de l'association des initiatives privées, secondées et appuyées par les pouvoirs publics. C'est grâce à elle que des progrès notables ont été obtenus, c'est elle qui permettra de les étendre.

Institutions complémentaires
Sociétés d'éducation familiale

RAPPORT DE M. J. GILLAIN,

PROFESSEUR A L'ÉCOLE MOYENNE DE L'ÉTAT A SCHAERBEEK

Instruire les parents de leurs devoirs d'éducateurs
doit être l'un des buts principaux de l'œuvre de rénovation populaire. En Belgique, la « Ligue de l'Education
familiale » a entrepris cette tâche avec une belle ardeur.
Nous voudrions esquisser les idées qu'elle propage,
exposer les procédés qu'elle emploie et les méthodes
qu'elle préconise.

Il faut affirmer bien haut que les parents sont les
éducateurs naturels de leurs enfants.

Si, à présent, dès que le problème de l'éducation des
enfants est agité, on ne parle guère que de l'école,
c'est que la famille, négligeant sa mission, s'est trop
volontiers déchargée sur elle, de ses devoirs.

La confiance exagérée dans l'action formatrice par
l'école est due aussi au prix attaché, par ces temps
d'utilitarisme, presque uniquement aux connaissances
intellectuelles tournées vers la production économique.

Et cette culture scientifique à outrance fait que l'on néglige la formation morale sur l'importance de laquelle nous n'insisterons pas.

La situation actuelle est donc celle-ci : alors que l'école ne peut ambitionner que la fonction secondaire de collaboratrice et de continuatrice de l'action familiale, on veut lui faire jouer un rôle trop prépondérant. Et cette tâche, l'école n'est pas à même de la remplir.

Loin de vouloir nier ou amoindrir la valeur de son action sur la formation de l'enfant, il nous paraît que la foi en cette influence est trop grande, parce qu'il est des lacunes inhérentes à l'organisation actuelle de l'école et des méthodes d'enseignement, et que de ces lacunes, quelques-unes seules pourraient être comblées.

D'abord, pour que l'empreinte de la formation soit nette, profonde et durable, il faut la collaboration du temps, sans lequel toute œuvre est fugitive, périssable. Or, et c'est là déjà une des supériorités du milieu familial sur l'école, l'enfant ne subit l'empreinte scolaire que bien peu de temps, si on le compare à la durée de l'action familiale.

En second lieu, l'instituteur a de trop nombreux disciples. Si dévoué, si habile, si ingénieux qu'il puisse être, il ne saurait plier ses méthodes à la variété des sujets qu'il doit former.

Chaque enfant a ses aptitudes, ses capacités propres. Entre deux âmes, il y a des différences profondes. Et l'on voudrait les couler dans le même moule !

De plus, il existe dans nos classes, une discipline nécessaire, étant donné la situation, mais qui enlève toute initiative à l'enfant et ne tient, pour ainsi dire, aucun compte de sa personnalité. Enfin, osera-t-on affirmer que l'instituteur connait vite et bien ses élèves ?

Alors qu'ils devraient être des associés, parents et
maîtres s'ignorent, et au lieu de faire bénéficier les
seconds des fruits d'une longue étude, longue puisqu'elle date de six ans, les premiers se bornent à
leur donner quelques futiles renseignements. Et les
maîtres perdent ainsi un temps précieux à étudier à
tâtons la personnalité de leurs nombreux disciples.

Aussi que d'erreurs! Mais nous n'avons point l'intention de faire le procès de l'école. Elle aussi a sa
part dans la formation morale de l'enfant. Nous savons
de science personnelle, la haute valeur de l'influence
du maître, surtout sur les tout petits. On le voit,
l'école ne peut prétendre à un premier rôle; les vrais
artisans de la formation morale sont les parents. En
leur donnant la vie, les parents transmettent également
des dispositions morales, car s'il ne faut pas exagérer
la portée de l'hérédité, il n'en est pas moins vrai que
l'atavisme n'est pas un vain mot. Aussi, qui mieux
qu'eux, pourra étudier l'enfant, discerner ses penchants,
combattre ses défauts, lui faire contracter de bonnes
habitudes?

Et l'influence des parents sur la conduite de la vie
est si grande! Il est telle parole, tel exemple, impri-
més profondément dans notre âme, qui éclairent notre
vie, la font meilleure, plus droite.

Durant de longues années, enfants et parents vivent
côte à côte. Pendant ce temps, la conscience enfantine
se forme, bien ou mal, épousant les qualités et les
défauts des parents, les adaptant à sa taille, c'est-à-dire
à son tempérament, à ses instincts, à ses aptitudes,
à ses capacités. La conduite des parents se photo-
graphie dans l'âme de l'enfant, né observateur, et
y laisse des traces profondes, souvent ineffaçables.

La première à agir sur l'enfant, la famille, agit

plus complètement que tous les autres facteurs de l'éducation.

N'est-ce pas elle, qui, en choisissant l'école, désigne librement ses collaborateurs? N'est-ce pas elle qui, veillant à l'entourage de ses enfants, leur conseille tel camarade, leur défend telle amitié? Disposant de tant de forces diverses, il faut que la famille soit à même de les employer judicieusement pour le plus grand bien de ses enfants.

Hélas! si nous examinons la valeur de l'éducation familiale dans les différents milieux et spécialement dans le milieu populaire, que constatons-nous?

Les uns sont ignorants de leurs devoirs: c'est à ceux qui savent de dissiper leur ignorance, de leur faire toucher du doigt leur responsabilité. Il en est qui, la connaissant, sont incapables de remplir leur tâche: leur influence est néfaste. Il y a là non seulement des enfants à éduquer mais aussi des parents à rééduquer. Chez d'autres, on croit bien à la nécessité d'élever les enfants, mais «on n'a pas le temps.» D'abord, cette affirmation est-elle vraie? On dépense tant d'heures en futilités! Et puis, parmi les tâches qui sollicitent notre activité, l'éducation des enfants n'a-t-elle pas droit à la première place?

Chez d'autres encore, il n'y a pas d'unité dans les procédés d'éducation: inconsciemment souvent, consciemment parfois, le père défait ce que la mère a fait et vice-versa.

D'autres, sont des éducateurs par intermittence. On les voit pris soudain d'un beau zèle: ils vont s'occuper de l'éducation de leurs enfants; mais ce n'est que feu de paille...

Chez d'autres, et ceux-là constituent l'immense majorité, règne l'indifférence la plus complète. Aussi le problème se présente nettement: convaincre les parents de la nécessité d'éduquer sainement leurs enfants et les mettre à même de remplir cette tâche.

Il semble cependant qu'aujourd'hui déjà, les parents effrayés de constater eux-mêmes les ravages des éducations négligées, ouvrent une oreille plus complaisante aux conseils des éducateurs.

L'effort doit donc tendre à faire des parents des éducateurs véritables. Pour y arriver, il est nécessaire de partir de ce principe: si l'éducation est un art, elle est surtout une science. Or toute science s'acquiert par l'étude, la réflexion. Mais l'on ne peut vraiment exiger des parents une étude suivie, méthodique, de nos bons auteurs pédagogiques. Non, là n'est pas la question: ce qu'il faut répandre, ce sont, avec quelques principes généraux, des procédés pratiques.

Mais comment la « Ligue de l'Education familiale » s'y prend-elle pour réaliser cette tâche? C'est ce que nous allons rapidement exposer.

Créée il y a 14 nas, elle groupe de nombreux parents et éducateurs qui sont de véritables apôtres. Tous s'efforcent de répandre autour d'eux de saines notions de pédagogie.

L'organe de la Ligue, la revue « l'Education familiale »(1) paraît mensuellement. Nous y trouvons de nombreux articles de fond, dûs à la plume de personnalités compétentes et traitant d'éducation physique, intellectuelle ou morale.

Tous les conseils donnés sont essentiellement pratiques. Les passages saillants des livres d'éducation récents et des autres revues similaires sont signalés.

Enfin, dans la partie bibliographique, la Revue rend

---

(1) Spécimen gratuit sur demande. 14, rue Victor Lefèvre, Bruxelles.

compte des livres ayant trait à l'éducation, à la pédagogie et à l'hygiène.

Par ses compte-rendus critiques, par de judicieux extraits, la « Revue » a contribué à faire connaître de nombreux et excellents ouvrages, qui sans elle, n'auraient pas pénétré dans la masse pour y semer à profusion de saines notions.

Le comité de la Revue, pour répondre aux nombreuses demandes qui lui étaient faites, a condensé en un volume les principales idées développées dans la Revue au cours des dix premières années. Elle a ainsi mis à la disposition des parents et des maîtres un précieux recueil de notions de pédagogie familiale. Il a paru sous le titre « Conseils aux parents et aux maîtres » (1).

Comme il faut d'abord songer aux parents de demain, il conviendrait de créer des cours de pédagogie familiale dans les établissements d'instruction, cours accessibles non seulement aux futures institutrices, mais aussi aux futures mères.

En vue de promouvoir les études de pédagogie familiale, le Comité exécutif de la Ligue a institué deux diplômes de pédagogie familiale qui sont conférés à la suite d'examens (2).

Pour vulgariser les bonnes notions d'éducation, la Ligue a publié de nombreux tracts, dont l'un, tout spécialement, dû à la plume de M. J. Renault, reçut le meilleur accueil. Il en fut distribué plus de 200.000 exemplaires.

Le dernier en date, a pour auteur Monsieur Ant. Lecensier et pour titre : « Les parents et l'éducation » (1).

Mais les Congrès sont de puissants moyens d'en-

---

(1) Chez Dewit, 53, rue Royale, Bruxelles.
(2) Pour renseignements, s'adresser 14, rue Victor Lefèvre, Bruxelles.
(3) Librairie Dewit, rue Royale, 53, Bruxelles.

seignement mutuel; aussi la Ligue a-t-elle patronné plusieurs Congrès. Le 1er, tenu à Liége, réunit 1300 adhérents ; le dernier, celui de Bruxelles compta plus de 3300 membres, appartenant à quarante pays différents. A ce Congrès, plus de 250 rapports furent présentés. Tous témoignent de la vitalité du mouvement créé par la Ligue.

Celle-ci suggère encore d'autres moyens de vulgarisation : les visites à domicile, les images et les affiches, les expositions, la presse (pourquoi ne verrions-nous pas dans nos quotidiens une chronique éducative à côté des chroniques littéraires, politiques, agricoles), etc?

Mais il nous tarde de dire quelques mots du moyen le plus puissant, le plus fécond : les sociétés d'éducation familiale.

Grâce à l'intervention directe de la Ligue de l'éducation familiale et tout particulièrement de Monsieur Paul de Vuyst, fondateur et membre du Comité exécutif, de nombreux cercles se sont fondés. Ces réunions de parents ont pour but l'étude en commun, sous une direction compétente de la manière de remplir le plus efficacement leur mission d'éducateurs. Composées au début, uniquement do parents, elles reçoivent plus tard les jeunes gens.

Les réunions sont plutôt rares : quatre ou cinq par an, mais elles sont actives : chacun y a sa part. Il ne s'agit pas d'écouter passivement une conférence mais bien de participer réellement à la discussion, qui toujours a lieu sur une question très pratique. A ceux qui désireraient étudier de plus près cette importante question, nous ne pouvons mieux faire que de conseiller la lecture de l'excellent ouvrage intitulé : « L'Education dans la famille et à l'école » par Mon-

sieur Jules Renault (1), La question des sociétés d'édu
cation familiale y est traitée de maîtresse façon.

VŒU :

Que l'on crée partout où la chose est possible, des
sociétés d'éducation familiale, pour mettre les parents,
surtout dans les milieux populaires, à même de con
naître et de remplir leurs devoirs d'éducateurs.

____

(1) Éditeur : Lethielleux, rue Cassette, 10, Paris.

Quelques renseignements bibliographiques

A. LECENSIER et SIMON, *Les méthodes prati-*
ques en éducation religieuse, Tourcoing, Du-
vivier.

A. LECENSIER, *Les Parents et l'Education*, 14,
rue Victor Lefèvre, Bruxelles   Fr. 0 30

ABBÉ SIMON, *L'art d'élever les enfants*, Namur,
Picard Calon.   » 0.50

JACQUES HERBÉ, *L'éducation religieuse des en-*
fants, Bruxelles Dewit.   » 2.50

CONSEILS AUX PARENTS, par le Comité de la
Ligue de l'Éducation familiale, 14, rue Victor
Lefèvre, Bruxelles.   » 3.00

LA BIBLIOTHÈQUE FAMILIALE, Publications
du 3ᵉ Congrès internatio al d'éducation familiale. 9 volumes : Etude de l'enfance. Education familiale avant, pendant et après l'école.
Enfants anormaux. OEuvres relatives à l'enfance. Documentation. La famille et l'éducation. 2700 pages. 14, rue Victor Lefèvre,
Bruxelles.   » 20.00

ÉDUCATION MORALE par J. Renault, Bruxelles Dewit.   » 2.50

LA REVUE DE L'ÉDUCATION FAMILIALE, La
meilleure Revue d'éducation à l'usage des
Parents. Abonnement. 14, rue Victor Lefèvre,
Bruxelles.   » 6.00

JEAN STEVENS, *L'enseignement industriel et professionnel en Belgique*, Gand, Imprimerie Plantijn, 1910.

P. DE VUYST, *Le rôle social de la fermière*, Bruxelles Dewit, 1912.   » 3.00

P. VERHAEGEN, *Nos griefs en matière scolaire*, Bruxelles, Soc. belge de librairie, 1913.

MINISTÈRE DE L'AGRICULTURE, *Rapports triennaux sur l'enseignement agricole*, Bruxelles, 3, rue de Louvain.

P. DE VUYST, *L'enseignement agricole et ses méthodes*, Bruxelles Dewit (deuxième édition sous presse).   » 5.00

REVUE AGRONOMIQUE, organe de l'association des ingénieurs agricoles de l'Institut agronomique de Louvain, 63, rue de Forest. Uccle.   » 6.00

MINISTÈRE DE L'INDUSTRIE ET DU TRAVAIL, *Rapports sur l'enseignement technique professionel et ménager*.

MINISTÈRE DES SCIENCES ET DES ARTS, *Rapports triennaux de l'enseignement primaire. moyen, etc.*

MINISTÈRE DE L'AGRICULTURE, *Dispositions relatives à l'enseignement agricole*, Bruxelles, rue de Louvain, n° 3.

Rapports et comptes rendus du 2ᵉ Congrès international de l'enseignement menager, Bruxelles, 19, rue Willems.   Fr. 10.00

Rapports et comptes rendus du 3ᵉ Congrès international des Cercles de fermières, Bruxelles, 38, rue du Pepin.   » 10.00

COMITÉ NATIONAL DES CERCLES DE FER-

MIÈRES, *Le bien-être à la Campagne*, 38, rue
du Pepin, Bruxelles.   » 3 00

*Rapports et comptes rendus du 10ᵉ Congrès inter-
national d'agriculture*, Bruxelles, 22, avenue
des Germanes.   » 20 00

GIELE, *Le livre de la fermière*, résumé de conférences, Gicle, agronome de l'Etat à Louvain   » 2.00

*
* *

P. J. M. AALBERSE, *Volksontwikkeling*, Leiden,
1907.

E. H. KAN. LUYTGAERENS, *Volksontwikkeling*,
Brussel, 1909.

REYER EDWARD, *Handbuch des Volksbildungs-
wesens*, Stuttgart, 1896.

Die geistige Bildung des Arbeiterstandes, Gladbach, 1902.

BOHMEST VICTOR, *Volkswohlfahrt* u *Volks
geselligkeit*, Dresden, 1906.

SCHÜLZE ERNST, *Die Volksbildung im alten
und im neuen Jahrhundert*, Stettin, 1900.

MULLER OTTO, *Volksbildungsabende*, Gladbach,
1906.

HIRTZ A., *Volksunterhaltungsabende*, Hamm i.
W. 1907.

*Volksbildungsarchiv, Beiträge zur wissenschaft-
lichen Vertiefung der Volksbildungsbestre-
bungen* (revue mensuelle), Berlin.

EDITIONS DE L'EXTENSION UNIVERSITAIRE FLAMANDE

KAN. AM. JOOS, *Wetenschappelijke voordrachten voor het
volk*, Gent, Siffer, 1910.

VAN PUYVELDE en VAN ROEY. *Aard en inrichting van Hoogeschooluitbreiding. Onderwerpen te behandelen in Hoogeschooluitbreiding*, Sint-Niklaas, 1910.

Dr LEFEVRE *De betrekkingen der Hoogeschooluitbreiding met andere inrichtingen*, Brugge, 1913.

M^r A DE VOS. *De Hoogeschooluitbreiding op den buiten*, Brugge, 1913.

Gedenkboek uitgegeven bij het 10jarig bestaan der Hoogeschooluitbreiding, Antwerpen, 1908.

Hooger onderwijs voor 't volk, Antwerpen, 1901.

NOTE. — La série des Etudes (Verhandelingen), brochures de 32 à 100 pages éditées par « l'Extension Universitaire catholique flamande », comprenait, en mars 1913, 163 numéros.

Imp. A. De Scheemaecker, Gand.